神速！
ChatGPT
超仕事術

クリエイティブ・スイート 編著

PHP

はじめに

ChatGPTはすべての人の仕事を楽にする！

この度は『神速！ChatGPT超仕事術』をお手に取っていただき、誠にありがとうございます。本書はその名のとおり、いま注目を集めている「ChatGPT」を活用した仕事術をビジネスパーソン向けに解説したものです。

専門家やＩＴ関係者だけでなく、全ての人がChatGPTの恩恵を受けられるようにとの思いから執筆しました。

私たちはライターや編集者として、普段から多くの文章にふれています。そのなかで実際に使って試してみて、本当に役立つと確信できた使い方だけを、厳選して掲載しています。

ChatGPTはOpenAIによって開発された、「生成ＡＩ」と呼ばれる種類のＡＩ（人工知能）です。その役割は質問応答や文章生成にとどまらず、ビジネス上のコミュニケーションツール、またはアイデア生成のパートナーとしても活用することができます。

しかし、ChatGPTの存在は知っていても、「AIなんて難しいんじゃない?」「まだ実用は難しいよね」と敬遠してしまう方も多いかと思います。

それは大きな思い違いです。ChatGPTはすでに十分にビジネスの場で利用できるレベルに達しており、これを活用しない手はありません。

……じつは、この「はじめに」も大部分はChatGPTを使って書いています。

本書では、小難しい話は脇におき、ChatGPTをビジネスの現場でどのように活用すればよいか、具体的な例を交えて解説していきます。そのまま使える質問文（プロンプト）や、活用時のポイント、実際にChatGPTが出力した例文まで、多角的に紹介します。

仕事は時に困難で、ひとりでは解決できない問題に直面することもあります。しかし、ＡＩの力を上手に利用すれば、そのような壁も乗り越えることができるでしょう。ChatGPTは間違いなく、あなたの仕事をよりスムーズに、そして楽しく進めるための強力なツールになります。

とはいえ、ChatGPTを一体どのような形で仕事に役立てることができるのか、まだイメージがつかめない人も多いのではないでしょうか。

そこで本編に入る前に、仕事でありがちな3つのケースを例に、具体的な使い方を次ページから見ていきましょう。

本書を通じて、ChatGPTの可能性を最大限に引き出し、あなたのビジネスがさらなる飛躍を遂げますように。そして、ＡＩとの新たな関係性があなたのビジネスライフに豊かな色彩を加え、未来を創造する一助となれば幸いです。

CASE 1

文章を読むのがしんどい……

仕事のなかでこんな場面はないでしょうか？

「同僚から長～い報告書が届いたけど、読んでいる時間がない。誰かが読み込んで、簡単に要約してくれたらいいのに！」

「レポートの内容が難しすぎる。専門用語も多く、辞書を引いて読み込むには、とてもではないが時間がたりない」

このような悩みはChatGPTを使えば一発で解決します。

たとえばこんなメールが届いたとして

件名：プロジェクト ABC の進行状況について

○○様

拝啓、貴重なお時間を割いていただき、深く感謝申し上げます。本メールは、我々が現在深く関与しているプロジェクト ABC について、その遂行上における各種の事象と、それに伴う我々の行動指針についての詳細な説明を目的としたものでございます。

我々はこの数ヶ月間、このプロジェクトを推進するために不断の努力を続けてまいりました。我々の目標は常に、詳細にわたるビジネスの要求を緻密に理解し、その結果を形として具現化することでした。したがって、各機能要件、ビジネス要件、そしてそれらが互いにどのように関連し合っているかを理解することが、我々にとって最優先事項であることは間違いありません。

我々のチームは、プロジェクトの複雑さと進行の緩慢さに直面しており、これらの課題を克服するために、様々な戦略を模索し、実行に移すことに精力的に取り組んでいます。進行が順調に進まない理由として、プロジェクトの規模と複雑さ、また、異なる部門間のコミュニケーションの困難さが主要な要因となっていることが明らかとなっています。

私たちは、これらの問題に対処するために、我々の作業フローを詳細に分析し、それに基づいて効率性と効果性を最大化するための改善策を策定することを検討しています。これには、新たなコミュニケーション戦略の策定や、タスクの優先順位付けを見直すなどの取り組みが含まれます。

以上のような状況を踏まえて、今後の進行状況と見込みについては追って詳細な報告をさせていただきます。

以上、ご理解とご協力の程、何卒宜しくお願い申し上げます。

ChatGPT ならこんなにスッキリした文章に！

プロジェクト ABC は複雑さと進行の遅さに直面しています。問題解決のため、作業フローやコミュニケーションの改善を考えています。詳細は後日報告します。

CASE 2

調べものしたくない……

デスクワーカーは1日に何回、何十回と調べ物をします。
そんなとき、次のような問題にぶつかるのではないでしょうか。

「なんて調べれば、検索に引っかかるのかわからない。調べるためのキーワードを検索するところから始めないと」

「基本的なことはわかったけれど、自分の仕事には当てはまらない。自分と似た、例外のケースを探し直さないと」

ChatGPT は多少曖昧な聞き方でも応えてくれます。

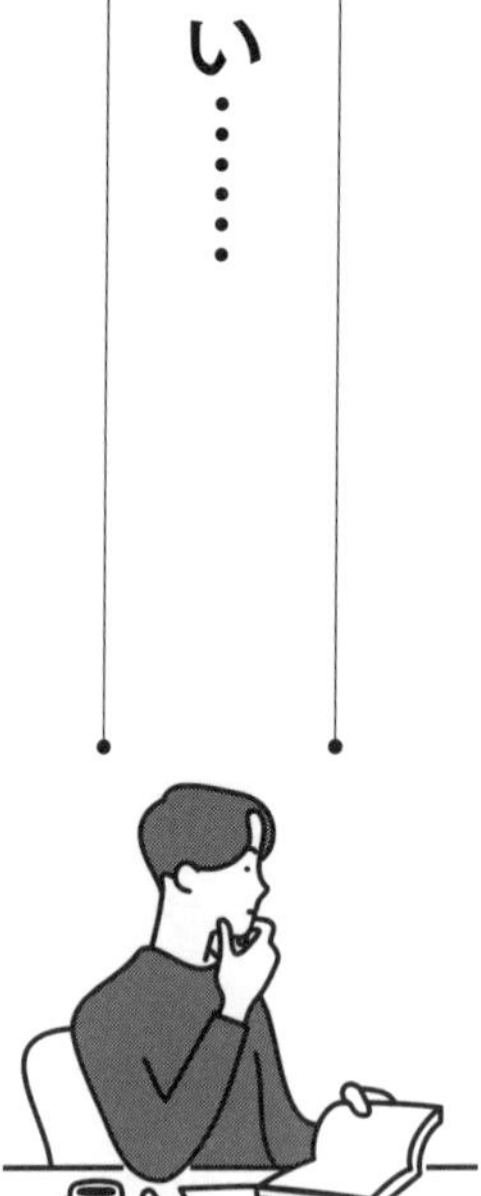

たとえばExcelで関数がわからないとき

開催●日め	来場者
1	890
2	1150
3	980
4	825
5	1005
6	1170
7	940
8	1105
9	865
10	1030

全日程の来場者数合計は「」人です。

このような図があって、「」内に自動で直接合計人数が入るようにしたい。
ちょうどよい関数があった気がするが、思い出せない。

ChatGPTならそのまま使える関数を出力！

来場者数がセルA1からA10にあると仮定すると、以下の式で直接入力することができます。
=" 全日程の来場者数合計は " & SUM(A1:A10) & " 人です。 "

CASE 3

人には相談しにくい悩みが……

上司への報告・連絡・相談、企画出しのためのブレスト、フォローアップのミーティング……。人とのリアルな会話は大切ですが、例えばこんな場面はないでしょうか。

「上司に相談するほどじゃないんだけれど、誰かの意見がほしい」

「悩みがあるけれど、上司や同僚には言いにくい内容だ」

「フリーで仕事をしていて、気軽に相談できる相手がいない」

ChatGPTは文句を言ってきたりしませんし、考え方の違いでケンカになるようなこともありません。迅速に答えを出してくれます。

ちょっとした相談をするには最適の相手です。

たとえば上司への不満がたまっているとして

もう我慢の限界です！上司の態度には本当に閉口します。何度指示される内容が変わるんですか？今までの努力は何だったんですか？プロジェクトが進まないのも、彼の迷走のせいだというのに、何も反省の色が見えません。

そして、彼のコミュニケーションスタイルには本当に困っています。私たちの意見などまるで聞こうとしない。一方的に命令され、それをこなせと言われる毎日。どうしてわからないんですか？チームがバラバラになるのは、彼の管理の仕方が原因だということが！

最後に、彼の業務への関与にも大いに疑問を感じます。重要な会議にさえ出席しない日々。何をしているのかさえわからない。責任を全うする気があるのか疑問に思います。私たちだけが一生懸命働いて、彼は何をしているの？もうこれ以上、彼の下で働くのは耐えられません！

ChatGPTなら簡潔で建設的なアドバイスをくれる

この状況において、最初に行うべきは、感情を落ち着かせ、上司との問題を冷静に分析することです。次に、信頼できる同僚や上層部と話し合い、具体的な事例を挙げながら不満点を共有してみてください。解決を図るためには、開かれたコミュニケーションと、具体的な改善要求が必要です。

神速！ ChatGPT 超仕事術 目次

2章　事務作業に生かす

3章　企画・提案に生かす

4章 特定の業務に生かす

序章
ChatGPTを始めよう

導入のしかた

まずは登録しなくちゃ始まらない

https://openai.com/blog/chatgpt

いざChatGPTを使ってみようと思ったとき、最初のハードルとなるのがユーザー登録でしょう。ChatGPTはブラウザとアプリで利用することができます。ブラウザで使う場合、検索エンジンで「ChatGPT」と入力すると、多くの場合先頭に公式ホームページが表示されるので、そちらのサイトからSign upを選んで手続きを進めることになります。**パソコンはもちろん、スマホやタブレットでも利用可能です。**

スマホのアプリについていうと、公式版が公開されているのはiPhone用のみです(2023年7月現在)。ブラウザ版よりも機能的に制限されていますが、より気軽に利用することができます。**アプリストアで検索する際は、ChatGPTとは無関係のチャットサービスも候補に出てきます。**なかにはわざとChatGPTにスタイルを似せているものもあるので注意が必要です。

ブラウザから登録する場合

1

2

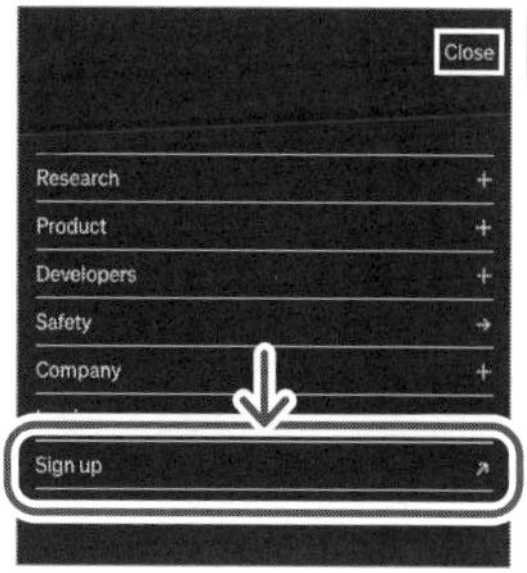

3

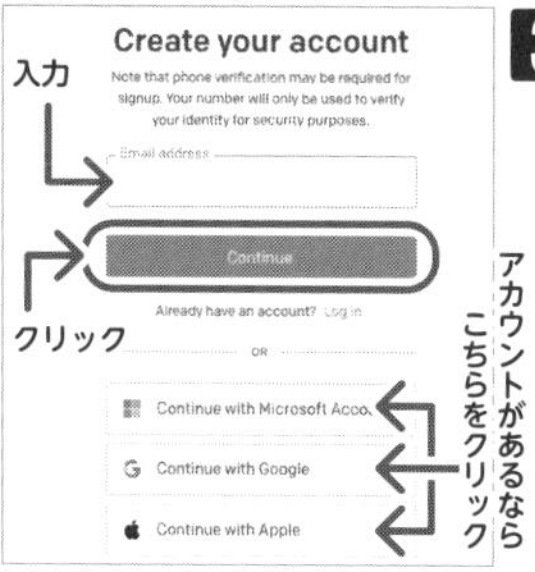

4

5

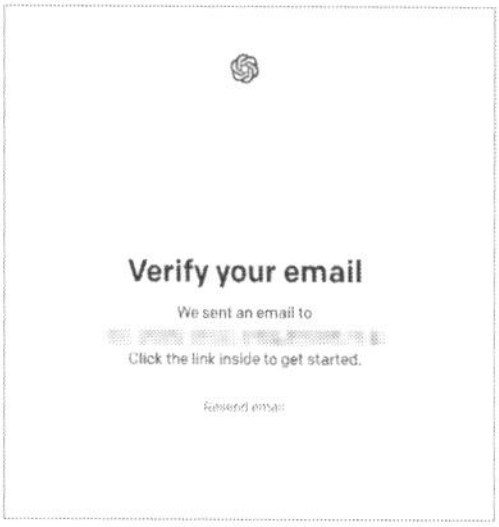

6

メーラーを開いて受信メールを確認

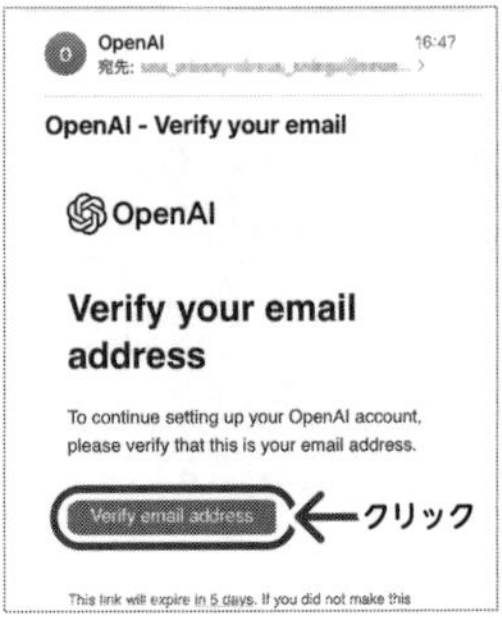

7

ChatGPTの画面に戻りブラウザを更新

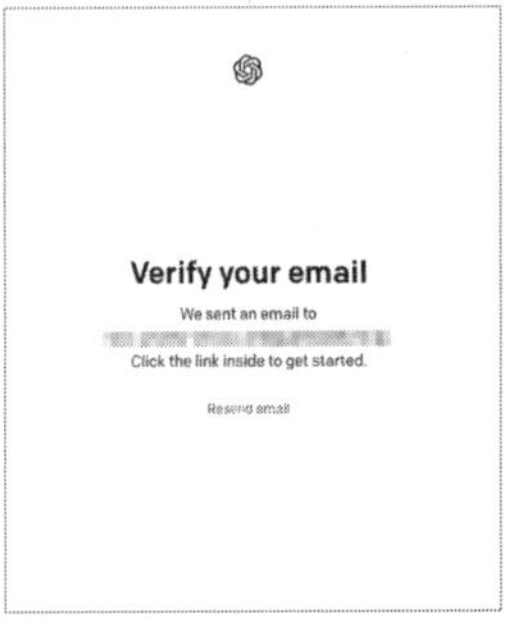

8

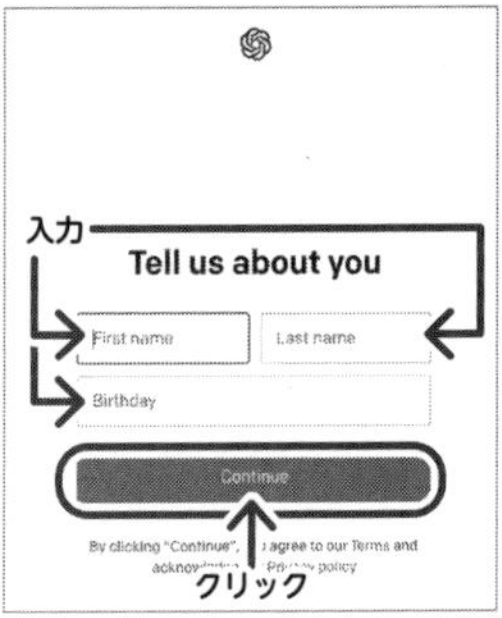

9

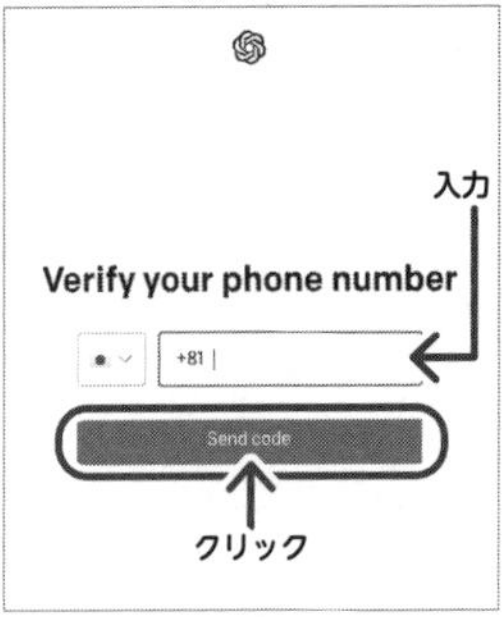

10

11

アプリの場合

1

App ストアで「ChatGPT」を検索

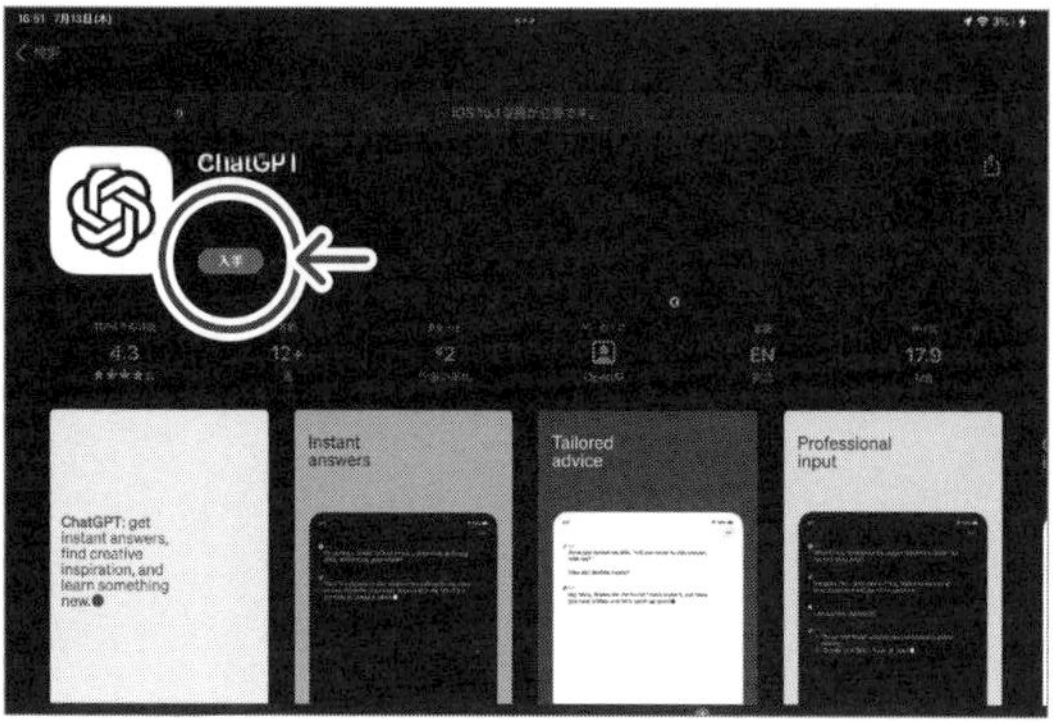

2

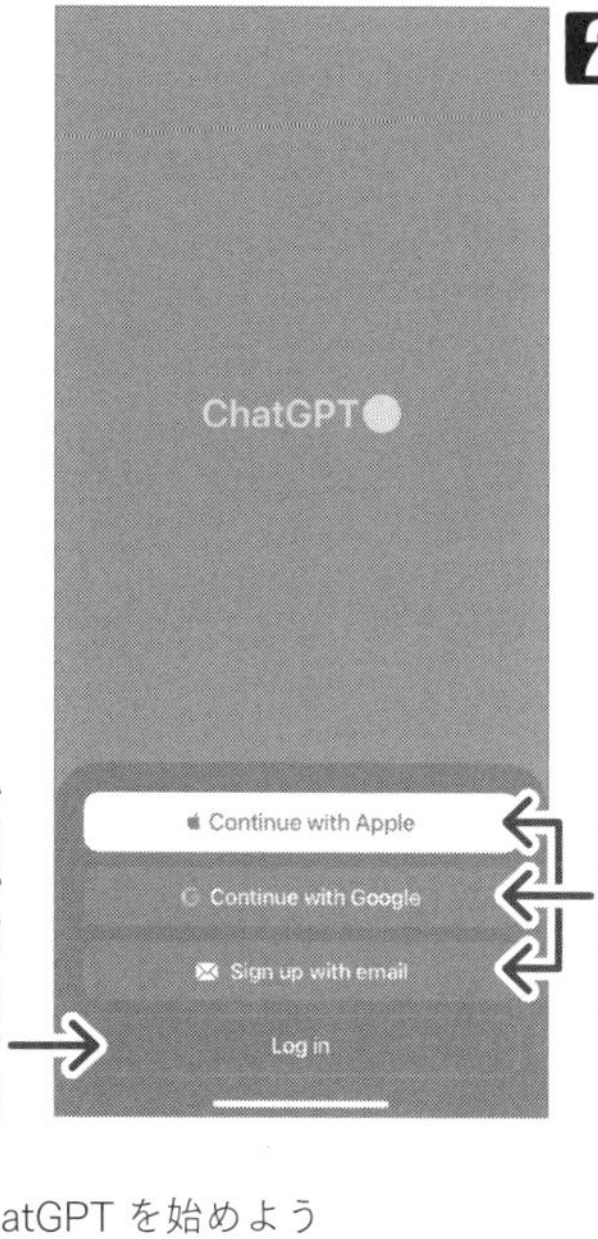

アカウントがない場合こちら

ブラウザでアカウントをつくっているならこちら

導入のしかた

有料版を使う必要はあるの？

より高い精度がほしいなら検討しては

ChatGPTは月額20ドルで有料版のChatGPTplusを公開しています。その特典のひとつとして、先行で新しいサービスを利用できるというものがあります。ChatGPTはGPT-3.5を使ったシステムですが、有料版であれば新しいバージョンのGPT-4を利用することができます（2023年7月現在）。

両者の違いは単純に性能です。情報量、情報の処理性能が大幅に強化されています。開発もとのOpenAIが公開している実験結果では、司法試験に回答させたところ、GPT-3.5が下位10％程度の正答率だったのに対し、GPT-4は上位10％に入る成績だったといいます。左で示した例のように、ある程度**専門性の必要な相談をしようと考えているのであれば、GPT-4の利用を考えたほうがよい**かもしれません。ただし、回答が出るまでの時間はGPT-4のほうが圧倒的に長くなっています。

ChatGPT への指示

次の高校化学の問題に答えてください。"0.20mol/L の酢酸水溶液の pH を求めよ。ただし、酢酸の電離度は 0.010、水のイオン積は 1.0 × 10 − 14、log102=0.3 とする"

たとえばこのような高校レベルの化学の問題を与えた場合、GPT-3.5 と GPT-4 ではそれぞれ次のような回答が出ました。途中式は省略します。

ChatGPT の回答

（GPT-3.5）

0.20 mol/L の酢酸水溶液の pH は約 0.69 となります。

（GPT-4）

0.20 mol/L の酢酸水溶液の pH は 2.7 です

この問題の答えは pH2.7 です。GPT-4 は正解することができましたが、GPT-3.5 は不正解でした。

使い方

日本語で会話するように指示を出せる

1章からはここで基本的なプロンプトを紹介します

ChatGPT は自然言語処理の技術を使ったＡＩチャットボット（自動会話プログラム）です。つまり、普段私たちが使っている言葉を使って、会話するように質問や指示を与えると、それに応じた答えを返してくれます。**専門的な知識がなくても、すぐに利用することができる**のです。多少言葉遣いが崩れていても、文脈を読み取って回答してくれます。そして、その答えはここまでにも見てきたとおり、かなり自然なものです。ちなみに、こうした ChatGPT への指示のことを、**「プロンプト」**といいます。

もうひとつ特徴的なのが、ChatGPT が返してくる回答は、どこかのデータベースからコピーしてきているわけではなく、**AIがその場で新たに組み立てた文章**だということです。ＡＩが自分で新しい情報を生み出すことから、生成（ジェネレーティブ）ＡＩと呼ばれます。そのため、同じ質問をしても回答が異なる場合があります。

ChatGPT への指示

プロンプトをいい感じにわかりやすく説明して。

ChatGPT の回答

「プロンプト」という言葉は、コンピュータの文脈では、ユーザーが操作または入力を行うことを促すインジケータやシグナルを指します。たとえば、コマンドラインインターフェースでは、通常、ユーザーが次に何を入力すべきかを示すためにプロンプト（通常はテキストベース）が使用されます。

プロンプトはまた、会話の文脈でも使用されます。チャットボットやAI（人工知能）との対話において、プロンプトはユーザーが対話を開始するためのスタート地点や質問を提供します。たとえば、この会話におけるあなたの初めての発言（「プロンプトをいい感じにわかりやすく説明して」）は私（ChatGPT）に対するプロンプトです。これにより、私は何を話し、どのように対話を進めるべきかを理解できます。

したがって、プロンプトは基本的に「次に何をすべきか」を示す指示やヒントであり、コンピュータの操作から対話まで、さまざまな文脈で使用されます。

使い方

プロンプトの文章にもコツがある

明確かつ具体的な指示を出すのが基本

ChatGPTはどのような指示を出しても、何かしら答えようとします。しかし、自分が意図したとおりの回答を得るためには、多少プロンプトを工夫する必要があります。基本は**「明確」に「具体的」な指示をする**ということです。望んでいることをなるべく事細かに、詳細まで伝えてください。

たとえば、**「エッセイを書いてください」というより、「環境保護について、500字でエッセイを書いてください」というプロンプトのほうが望んだものが出力**されます。ほかにも、文体はカジュアルか堅めか、読者は誰なのか、どのような目的があるのか、といったことを指定したほうが求めている文章を得やすくなります。

プロンプトの文体も大切です。ChatGPTはプロンプトの文体や語彙からも学習して、返答を生成するからです。やわらかい返事がほしいときは、やわらかく尋ねてください。

ChatGPTへの指示

ChatGPT初心者へ向けた入門書の導入として、狙いどおりの回答を得るための最適なプロンプトの書き方を、200字以内で、専門用語を使わずにまとめてください。

ChatGPTの回答

ChatGPTとの対話で理想的な回答を得るためには、質問や要求を明確に表現します。具体的な質問は具体的な答えを生みます。似たような質問でも、「今日の天気は?」と「東京の今日の天気は?」とでは、回答が変わります。また、複数の質問を一度にするよりも、ひとつずつ聞くほうが、混乱を避けられます。最後に、ChatGPTがもつ知識は2021年までのものなので、その後の情報は答えられないことを覚えておきましょう。

使い方

うまくいかないときは指示を追加&再試行

プロンプトの微調整で回答は変わる

明確で具体的に指示を出したつもりでも、理想の回答が出てこない場合もあります。そのときは、プロンプトを修正して試してみるのが基本です。少し表現を変えるだけで、まるで違った答えが返ってくる場合もあります。**「、」「。」を入れて文を区切ったり、「“”」「##」のような記号で引用部や指示を強調するのも効果的です。**

また、**ChatGPTはそれ以前の会話を記録しているので、少しずつ指示を追加しながら軌道修正していくことも可能**です。難解な質問や複雑なタスクの処理を求める場合には、少しずつ指示を出したほうが伝わりやすい場合もあります。たとえば、前ページのような指示を出す場合も、「ChatGPT初心者へ向けた入門書の導入を書きます」「狙いどおりの回答を得るために最適なプロンプトの書き方をまとめてください」「200字以内で、専門用語を使わずにまとめてください」などと段階的に伝えるということです。

ChatGPT への指示

（27 ページの続き）文体はやわらかく、語りかけるようにしてください。

ChatGPT の回答

もちろん、わかりました。ChatGPT とお話しする際は、自分の想いをちゃんと伝えることが大切なんだよ。明確で具体的な質問をすることで、お望みの答えがもらえることが多いの。たとえば、「今日の天気は?」より、「東京の今日の天気は?」と具体的に聞くとね。質問はひとつずつ丁寧に聞くことがポイント。そしてね、ChatGPT は 2021 年までの情報しかもっていないから、それ以降の情報については答えられないんだ。覚えておいてね。

使用上の注意

まだまだ万能というわけではありません

具体的なモノや場所を調べるならネット検索を使おう

ChatGPTは非常に有用なサービスだといえます。しかし、苦手な分野もあります。専門性が高すぎる分野で回答の精度が低くなるのは想像しやすいと思いますが、一般的な質問でも特定の人やモノ、地域に関わる質問は精度が低くなりがちです。２０２１年以前のデータしかもっていないため、最新の情報にも答えられません。データがない、と答える場合もありますが、確からしい回答が生成される場合もあります。**文書を利用する場合には、ファクトチェックを十分に行ったうえで掲載したほうがよい**でしょう。

改善はされたようですが、セキュリティの弱さが指摘されたことも。個人情報や機密データのChatGPTへの入力は、現段階では避けておいたほうが無難です。**その場でＡＩが文章を生成しているため、原則としては著作権の問題はありません**が、既存の文章を要約させる場合などは十分な注意が必要です。

ChatGPT への指示

大阪難波周辺でおすすめのお寺を6か所教えて。

ChatGPT の回答

1. 浄瑠璃寺：かつて真言宗の寺院として創建され、日本三大浄瑠璃として知られる宝物が所蔵されています。堂々とした本堂や、四季折々の自然を楽しむことができます。
2. 船場寺：法相宗のお寺で、大阪商人の守護神として知られています。本尊の阿弥陀如来像は、重要文化財に指定されています。
3. 報国寺：大阪市中央区に位置し、戦時中に戦没者の冥福を祈るために建立されたお寺です。
4. 心斎橋東映寺：心斎橋近くにある、高野山真言宗の寺院です。ここでは、年間を通して各種の行事や法要が行われています。
5. 南海難波寺：南海線のなんば駅直結の南海なんばビルの中にあるお寺で、大阪繁華街にある珍しいお寺として知られています。
6. 宗右衛門町如意輪寺：有名なお茶の湯「遠州流」の創始者とされる千利休が、遠州流の茶室「如庵」を設けた場所として知られています。

間違いだらけながら、一見するとそれらしい記述が出力されました。

Column

アナログのデータはOCR経由でデジタル化

スマホやパソコンの一部のアプリケーションに、最近では画像データから文字を読み込む機能がついていることにお気づきでしょうか。あの機能はOCR（光学的文字認識）と呼ばれています。

少し前までは非常に高価な専用のソフトなどを使わなければ難しかった「画像からの文字認識」が、スマホでも使えるようになってきたのだから驚きです。スキャナで資料を取り込み、ファイル内の文字をテキスト化するようなことも気軽にできるようになってきました。デジタル化することで文字検索ができ、とても便利です。

ChatGPTを利用したいけれど、情報がデジタルデータ化されていない場合には、この機能を利用してみましょう。ただし、OCRの精度は文字のクリアさやフォント、背景とのコントラストなどによります。使用する場合は、機能には限界があると念頭に置いてください。

1 章

毎朝のルーティンワークに生かす

ニュースチェック

ニュースのキュレーターがわりに

リストから「条件指示」のものを選んでください

最新ニュースのチェックを毎朝のルーティンワークとしている人は多いと思います。しかし、多くのメディアから情報を得られる現代では、玉石混交のニュースの中から、自分に関係のある重要なニュースを見つけ出すことは簡単ではありません。

そうしたときに役立つのがキュレーション（まとめ）サイトですが、それでもまだ表示されるニュースの数は膨大です。キュレーションサイトと連携していない業界に特化したニュースサイトなどもあるでしょう。そこから読むべきニュースを厳選するために、ChatGPTを使うという手があります。

ChatGPTの得意なタスクに、「与えられたリストから条件に合うものを選ぶ」というものがあります。ニュースの選別であれば、**ニュースサイトからタイトルを抜き出し、業界などを指定して重要なものを選ばせる**という使い方ができます。

ChatGPT への指示

次の段落から記載するニュースタイトルのうち、出版業界に関連の深い順にニュースを3つ選んでください。

5月の企業物価指数が前年比3%以上の上昇
関東などで引き続き猛暑日の予想。熱中症厳重警戒を
aa航空「空飛ぶクルマ」事業化の目途が立ったと発表
(中略)
ハンセン病の療養所に残されている解剖記録について詳細な分析が始まる
メタの提供する新SNS「スレッズ」登録者1億人突破

ChatGPT の回答

1. メタの提供する新SNS「スレッズ」登録者1億人突破：新たなSNSの利用者が増えると、そのプラットフォーム上でのコンテンツの需要が増える可能性があります。出版業界にとっては新たな出版の場や広告の場となる可能性があります。

2.aa航空「空飛ぶクルマ」事業化の目途が立ったと発表：新技術や新ビジネスモデルの登場は、その関連情報や技術解説、実用ガイドなど、新たな出版物を生み出す可能性があります。

3. ハンセン病の療養所に残されている解剖記録について詳細な分析が始まる：研究や分析の結果は、学術書や教育関連の出版物として具体化される可能性があります。

ニュースチェック

難しい内容のニュースを要約

次のニュースを要約してください。〝ニューステキスト〟

気になるニュースが見つかり、実際読もうとしたときに、どうにも読みにくい記事に出会うことがあります。たとえばITやビジネスなどの話題には、専門用語も多く登場し、読み解くのに時間がかかることも少なくありません。

ChatGPTが得意とするタスクのひとつとして、入力された文章を要約するというものがあります。この機能をうまく使うことで、短時間で難解なニュースを読み解くことが可能です。

要約する文章を指定する場合は、そのままコピー&ペーストで貼りつけるだけでも構いませんが、**引用符（〝 〟）でくくることで、対象とする文章が明確になるため精度が高まります**。要約させても出力される文章が難しいようであれば、小学生でもわかるように、専門用語を使わずに、などのプロンプトを追加してみましょう。

ChatGPTへの指示

次のニュースを、IT専門用語を使わずに、日本語100字程度で要約してください。

”アメリカのxxソフトは現地時間の8月20日、提供しているソフトウェアの一部で発生していたシステム上の深刻な脆弱《ぜいじゃく》性に関する問題を解決したと発表した。（中略）XXXプロトコルのaaaという拡張機能の実装時にバグがあり、7月1日にリリースされた更新プログラムをインストールした場合にリスクがあった。影響を受けるプラットフォームが公式ホームページに掲載されているが、ホームユーザーがこの問題に遭遇する危険性は低い。”

ChatGPTの回答

アメリカのxxソフトが、自社のソフトウェアに問題があったことを認め、その解決を発表しました。特定の機能にバグがあり、7月1日のアップデートで問題が起こる可能性がありました。しかし、家庭のユーザーが問題に遭遇する可能性は低いとのことです。

ニュースチェック

ニュースをもとに朝礼のあいさつをつくる

〝ニューステキスト〟を参考に雑談の話題を考えてください

ビジネスパーソンがニュースをチェックする大きな理由のひとつとして、商談や社内での会話のネタにしたい、ということがあると思います。しかし、自社の商品や業務と関連性をもたせようとすると、かなり頭をひねらないといけません。

ChatGPTはこのようなアイデアが必要な場面でも役立ちます。**話題だけを考えさせることも可能ですし、話す文面を考えさせることもできます。**

このとき、**どういう場面で話す内容なのかをプロンプトに組み込むと、求める内容に近いものを出力してくれやすくなります。**また、ChatGPTは直前の会話を覚えているため、ニュースの要約をさせたうえで、そのニュースに関連する雑談を考えさせることも可能です。

ChatGPT への指示

建設会社の朝礼で、この（前項目の）ニュースを参考に話したい。雑談の話題を3案考えてください。

ChatGPT の回答

1「最近、大手 IT 企業がシステムの問題を修正したというニュースを見ました。これって、我々の建設業界でも同じだと思うんです。現場で問題が起きたとき、早急に解決策を見つけて対応することが重要ですよね。」

2「アメリカの IT 企業がシステムの一部で起きた問題を修正したという話を聞きました。これは、我々も仕事中に問題に直面したら、迅速に対応し、改善する必要があるということを教えてくれますね。」

3「先日、IT 企業がシステムの問題を解決したというニュースがありました。それを見て思ったんですが、どの業界でも問題が起きるのは当然ですよね。大切なのは、問題をどう解決するかです。我々の建設業界でも、問題解決力を高めることは重要ですね。」

ニュースチェック

外国語のニュースを翻訳しつつ要約

次のニュースを日本語で要約してください。“NewsText”

海外の大きなニュースは翻訳されてすぐに日本でも報道されます。しかし、専門性の高いニュースや確定していない速報、現地の人たちの反応などの情報が日本に伝わるまでには時間差があります。また、翻訳して伝える新聞社などによる、加工ともいえないほどの味つけはなかなか排除できません。

理想は現地のニュースサイトから、自分自身で必要な情報を調べることです。しかし、現地の言葉がわからない人にとっては簡単な作業ではありません。ChatGPTは英語をはじめとして多くの言語に対応しており、翻訳でも高い精度を発揮します。

もちろんGoogleなどのサービスで翻訳してもいいのですが、ChatGPTであれば、**翻訳と同時に要点をまとめさせるといった使い方もできます**。最新情報を効率的に得るための強い味方になってくれます。

Chat GPT への指示

次のニュースを、日本語 200 字で要約してください。

"The European Commission has announced a pact with the US to allow easier legal transfer of personal data across the Atlantic. Data privacy activists vowed to challenge the agreement in court.President Joe Biden and EU officials welcomed the deal, which overcame objections about US intelligence agencies' access to European data.（中略）In May, the EU hit Facebook owner Meta with a $1.3bn (£1bn) fine, ordering the company to stop sharing European users data across to the US.Meta has said without a legal outline for data transfers, it would be forced to stop providing its products and services in Europe." ※

Chat GPT の回答

欧州委員会と米国は、個人情報の移転を容易にする協定を発表。これにより、メタなどは米国との情報共有を続けられます。しかし、データプライバシー活動家たちはこの協定に対し裁判での挑戦を表明。この協定は、個人情報が米国の情報機関と共有される際の欧州の懸念を和らげることを目指しています。ただし、プライバシー活動家M氏は、この決定への挑戦を誓っています。

※Privacy activists slam EU-US pact on data sharing/BBC News By Chloe Kim/11 july 2023より引用

メールのチェック

わかりにくいメールを読み解く

次のメールをわかりやすく書き換えてください。〝メールテキスト〟

デスクワーカーにとって、メールを確認して返信するという業務は、仕事全体のなかでも比重の大きいタスクとなっています。１日のメールが１００件を超えると、メールに関する作業だけで１日の業務時間が終わるともいわれます。朝の時間帯などに、なるべく短時間で集中してメールへの対応を終わらせるという人も多いと思います。

ChatGPTを使うと、ニュースでの事例（36ページ）と同じように、メールの内容を要約させたり、返信を提案させたりすることができます。ただ、返事が決まりきっているようなメールであれば、自分で返信したほうが速いでしょう。**ChatGPTが生きてくるのは、ビジネス用語をたくさん使ったような、理解しにくいメールが届いたとき**などです。

また、相手のいることなので、返信の提案はあくまで参考として、自分で文面を整えることをおすすめします。

ChatGPT への指示

次のビジネスメールを、専門用語を使わずに、わかりやすい文章に書き換えてください。

”リマインドありがとうございます。次回のミーティングでは今後のプライオリティを確認していければと思っています。私のほうではサマリーを整理してお伝えしますので、A さんはいったんリスケ案をつくっておいてもらえますか？　また、いただいた資料なんですが、エビデンスが足りていないように思いました。クライアントになってくるのは各社 CEO などですので、彼らの視座に合わせられればと思います。”

ChatGPT の回答

ありがとう、あなたのメッセージを見ました。次回の会議では、これから何を優先すべきかを確認したいと思っています。私のほうでは、まとめた情報を皆さんにお伝えします。A さん、時間があるときに次回の計画を考えてもらえますか？　また、送ってくれた資料を見たんだけど、もう少し具体的な証拠がほしいなと思いました。これから話をするのは各社のトップの人たちなので、彼らの立場から考えた情報を提供できると良いと思います。

ChatGPT への指示

A さん（私）が具体的にこれからするべきことを、リストにまとめてください。

ChatGPT の回答

もちろんです、以下のリストが A さん（あなた）の具体的なタスクとなります。


次回の会議に向けた計画を立てる：具体的なスケジュールや進行順序などを考えます。

現在の資料を見直す：とくに証拠部分を強化し、さらに具体的な情報を追加します。

クライアントの視点を理解する：これから話をする各社のトップの立場から考え、その視点を資料に反映します。

これらのタスクを遂行することで、次回のミーティングを成功に導くことが期待されます。

ChatGPT への指示

送信者（B さん）へ指示に従う旨の返信案を考えてください。B さんは私より 10 歳年上で、こちらが下請けの立場です。

ChatGPT の回答

Bさま（宛名）

ご連絡いただき、ありがとうございます。ご指示いただいた内容については、すぐに着手いたします。

具体的には、次回の会議に向けた計画を立てるとともに、現在の資料の見直しを行います。その際、証拠部分をより強化し、具体的な情報を追加するよう努めます。そして、我々のクライアントである各社のCEOの視点を理解し、その視点を資料に反映するようにします。

お手数をおかけしますが、何か追加の指示がありましたら、お知らせいただければ幸いです。いつも的確なアドバイスをいただき、ありがとうございます。次回の会議で皆さまに満足いただけるよう、全力を尽くします。

何卒よろしくお願い申し上げます。

A（署名）

メールのチェック

論点のよくわからないクレームを読み解く

次のメールの論点を整理してください。〝メールテキスト〟

メールのやりとりで困る代表例といえば、相手が求めていることがよくわからない場合です。率直にどういう意味か聞ける相手や状況ならいいですが、たとえばクレームのメールで相手が感情的になっているような場面では、下手な尋ね方をしたらさらに事態を悪化させる可能性もあります。誰かにどういう意味だろうと相談したくなりますよね。

そんなときの最初の相談相手としても、ChatGPTは有用です。**メールの論点とこちらに何を求めているかを尋ねるといった使い方ができます**。

ただし、当然ながら解釈が間違っていたときにChatGPTが責任を取ってくれるわけではありません。ChatGPTの出した意見をもとに自分でも対応を考え、「こういった意図のメールかと思いますが、このように対応しようと考えております。ご意見をいただけますでしょうか」など、上司にも意見を仰ぐようにしましょう。

ChatGPT への指示

弊社が販売しているお茶へ、クレームメールが届きました。論点を整理して、対応案を考えてください。

" 本当にがっかりしました！　御社の製品が好きで、ずっと愛飲していたのに、なぜこのようなことになったのでしょう。1 週間前に「AA 茶」を購入しました。昨年にも買って、おいしかったから友人にも配ろうと思ったのに、以前買ったときとは全然風味が違います。こんなお茶をおいしいと配ってしまって恥ずかしい "

ChatGPT の回答

クレームの内容を整理すると以下の通りです。

1. お客さまは弊社の製品「AA 茶」を一貫して好んで購入していました。

2. 以前に購入した「AA 茶」の風味が気に入っていたため、友人にも贈ろうと思っていました。

3. しかし、最近購入した「AA 茶」の風味が以前と異なり、お客さまはこれに大変がっかりされています。

これらの論点をもとに、以下の対応策を考えました。

1. お客さまへの謝罪と感謝の意を伝える。お客さまの長期的な支持に対する感謝とともに、最近の購入で期待を裏切ってしまったことについて深くお詫びする。

2. 「AA 茶」の品質について調査を行う。（以下略）

メールのチェック

ハラスメントのリスクを確認させる

メールの文章に問題点があれば教えて。〝メールテキスト〟

近年、社内外に対して多くの人が戦々恐々としているのが、ハラスメントのリスクでしょう。口頭での発言についても、もちろん注意しなければいけませんが、メールは証拠が残りやすく、意図が誤解されやすいため、とくに気をつける必要があります。

ハラスメントの難しいところは、悪気がなくても相手が嫌な気持ちになればハラスメントになるということです。マニュアル化するにしても、前提条件や相手との関係によってもハラスメントになるかどうかの判断が変わってくるため、膨大なケーススタディを掲載することになってしまいます。

ChatGPTは、こうしたケースバイケースで判断の変わる内容でも問題点を指摘することが可能です。**ハラスメントをはじめとしたメールの問題点を、客観的な目線から指摘させる**という使い方をおすすめします。

ChatGPTへの指示

プロダクトデザインをお願いしている外部スタッフに送るメールです。ハラスメントのおそれがあれば指摘してください。

”いつもお世話になっております。Aです。今回の案件もすばらしいデザインをアップしていただき、ありがとうございました。やはり女性らしい心配りというのか、使う人のことがよく考えられていたように思います。Bさんに今後お子さんが生まれれば、ぜひお母さん向けのラインでもご協力いただきたいです。”

ChatGPTの回答

このメールは、一部の文脈で誤解を招き、性別によるステレオタイプやジェンダーに対する固定観念を強調している可能性があります。具体的には、「女性らしい心配り」や「お母さん向けのライン」といった表現は、女性が特定の役割や行動を担っているというステレオタイプを強調する可能性があります。

また、「Bさんに今後お子さんが生まれれば」という表現は、個人的な情報に触れすぎる可能性があります。これは、プライバシーを侵害したり、不適切なプレッシャーをかける可能性があります。

チームづくり・運営

朝の声かけの話題を考えさせる

雑談の話題を考えてください

始業前などの雑談は、仕事を円滑に進めていくうえで、やっておいたほうがよい習慣のひとつです。ただ、毎日自分から話題を振っていこうと思うと、ネタを考えるのも容易ではありません。

定番の話題はよく「木戸に立てかけし衣食住」などといわれます。季節、道楽（趣味）、ニュース、旅、天気、家族、健康、仕事、衣（ファッション）、食事、住まいの頭文字です。頭の隅に置いておくと、話題を考える助けになります。

それでもネタに困ったときには、ChatGPTに聞いてみるのもよいでしょう。右の定番の話題は、相手のパーソナリティを考えていません。**話題を振る相手の情報を加えて、話題を提案してもらうと、意外な提案をしてくれる場合があります。**

ChatGPT への指示

コミュニケーションを円滑にするために、同僚と朝の雑談をする。相手が話に乗ってきやすい話題を5つ考えてほしい。相手は転職してきたばかりで、30代の女性。前職は保険の営業だった。既婚でお子さんは小学生の男の子がひとり。電車通勤をしている。

ChatGPT の回答

新しく同僚となった30代の女性が話に乗ってきやすい話題は以下のようなものが考えられます。

1. 子育ての話題：彼女が小学生の男の子の母親であることから、子どもの成長や学校生活、最近子どもがハマっている遊びや番組などについて話を振ってみると良いでしょう。
2. 前職の経験：保険の営業だったということなので、その経験について話してもらうことで、彼女の専門性やこれまでの経験を知ることができます。
3. 通勤について：彼女が電車通勤をしているとのことなので、混雑具合や快適な通勤方法について話を振ると良いでしょう。また、通勤時間に聴くおすすめの音楽やポッドキャストなどについて尋ねると、彼女の趣味や関心事を引き出せます。

4. ファッションやメイク：自己表現のひとつとして、普段の服装やアクセサリー、メイクについて話題に出すことで、彼女のセンスや好みについて知ることができます。
5. レジャーや趣味：休日の過ごし方や趣味について話を振ると良いでしょう。家族でどこかに出かけたり、読書や映画、スポーツなど、何か特定の趣味があればそれについて深く話を広げることができます。

ただし、相手が不快に思わないよう、プライバシーに配慮しながら話題を提供することが重要です。

ChatGPT への指示

子育ての話題、とくに子どもの遊びを中心テーマとして話しかけてみようと思う。私にも、5歳になる娘がいて、最近は歌に合わせて踊るのが好きだ。相手に緊張感を与えないように、最初はどのように話題を振るのが最適だろう。

ChatGPT の回答

最初の会話は、あまり深いところに踏み込まず、軽い話題から始めるのが良いでしょう。あなたの5歳の娘が最近歌に合わせて踊るのが好きだというエピソードを盛り込むことで、相手も同じように自分の子どものエピソードを共有する機会が生まれます。以下、一例としてご参考ください。

「おはようございます、〇〇さん。ちょっとしたお話なんですが、うちの5歳の娘が最近、歌に合わせて踊るのが大好きなんですよ。昨日も一生懸命『アナと雪の女王』の歌に合わせて踊っていて、見ているこっちが笑顔になりました。(笑) 〇〇さんのお子さんも何か特定の遊びや好きなことがあったりしますか?」

チームづくり・運営

元気のない部下への対応について相談する

何をするべきか提案してください

管理職やリーダーには部下の精神や肉体の異常にいち早く気づき、フォローすることが求められます。安定したパフォーマンスを発揮していくために、避けては通れない業務だといえるでしょう。部下に元気がないとき、仕事でのミスなどが理由であれば、部下の気持ちを受け止めてあげたり、自分の失敗談を話したりして精神面をフォローしたうえで、どうやって次につなげていくのか、という声かけになるはずです。

しかし、仕事は順調そうな様子なのに元気がない、という場合もあります。職場の人間関係や、プライベートの問題を引きずっている可能性もあります。対応を管理者やリーダーに相談しにくいにもかかわらず、放置しておくと重大化しやすい問題です。

いったんChatGPTに対応を相談してみるという手があります。**人相手では聞きにくいセンシティブな話題を少し相談してみる**のに、ちょうどよい相手といえます。

ChatGPT への指示

直属の部下である 20 代女性の元気がない。しかし、彼女の仕事は順調で落ち込む要素がないし、労働時間も適正で過労だとは考えにくい。5 人のチームで彼女はその中で一番の若手。未婚で、ひとり暮らしだと聞いている。まず何をするべきか提案してほしい。

ChatGPT の回答

この状況では、まず部下の女性と一対一で話す時間を設けることが重要です。個人的な悩みや問題があるのか、または仕事に対する不安やストレスがあるのか、それとも何かまったく違うことが気にかかっているのか、彼女自身から聞くことが大切です。

1. 対話の機会を設ける : まずは彼女との一対一のミーティングをスケジュールに入れましょう。カジュアルなランチやコーヒーブレイクの時間も適切です。形式的なミーティングよりも気軽に話せる環境をつくることで、彼女が何かを共有しやすくなるでしょう。
2. 直接的な質問を避け、対話を促す :「何か問題がありますか?」と直接的に聞くのではなく、まずは彼女の気持ちや体調について尋ねてみてください。たとえば、「最近どうですか?　体調は大丈夫ですか?」といった質問から始めると良いでしょう。

3. 聞く姿勢をもつ：彼女が何かを共有し始めたら、傾聴することが重要です。彼女の話を遮らず、自分の意見やアドバイスを押し付けるのではなく、彼女の気持ちや意見を理解し、共感することで信頼関係を築くことができます。

4. 必要な支援を提供する：何か具体的な問題が明らかになった場合、可能な限りの支援を提供しましょう。それが仕事関連であれば、具体的な解決策を一緒に考えることができますし、個人的な問題であれば、適切な支援策（たとえば、社内のメンタルヘルスサポートや外部の専門家を紹介するなど）を提案できます。

5. フォローアップする：彼女がどう感じ、どのように進行しているかを確認するために定期的にフォローアップしましょう。これは、彼女がその問題に対してひとりでないと感じることができ、また、あなたが彼女のことを気にかけていると感じるために重要です。

ChatGPT への指示

具体的な行動プランを立ててほしいが、私は 30 代男性なので、セクハラには十分気をつけてほしい。

ChatGPTの回答

以下に、部下の女性との間で安全なコミュニケーションを保つことを目指した行動プランを示します。

1. 一対一のミーティングをスケジュールする
意図：彼女の様子や感じていることを理解するため
プラン：共有スペースで行う、昼間の時間帯にスケジュールする、ほかの人も周りにいる開放的な環境で実施するなど、彼女が安心して話せる状況をつくる。
2. 対話の促進
意図：彼女の現在の状態や悩みを理解するため
プラン：「最近、どうですか?」、「仕事の調子はいかがですか?」といった、具体的な問題を直接聞くのではなく、彼女自身から話を始めやすい質問をする。
3. 傾聴と理解
意図：彼女の感じていることを理解し、どのように支援すれば良いかを判断するため
プラン：彼女が話すときは黙って聞く。同情や共感を表すが、個人的な意見やアドバイスは押し付けない。自分が理解したことを言葉で確認する。（以下略）

チームづくり・運営

前日の日報などを要約させてチェック

日報の要点をまとめてください

毎日、業務日報の提出を義務づけている会社もあると思います。書くのももちろん大変ですが、その内容を確認する必要のある上司や同僚にとっても、すべてに目を通すのは骨の折れる作業です。

ここまでにも見てきたように、内容の要約はChatGPTの得意とするところです。具体的にまとめ方の指示を出せば、**自分にとって必要な情報だけを抽出することも可能**です。たとえば、自分が確認しなければいけない作業や、トラブルの報告だけを抽出させるといった使い方が考えられます。ChatGPTはそれまでのやりとりを覚えているので、**一度ルールを理解させれば、あとは毎日同じルールで日報を整理させることができます。**

なお、日報などの形式の決まった書類をまとめる際にもChatGPTが有効です。詳しくは2章や3章で触れています。

ChatGPT への指示

チームの業務状況を把握するために、日報の要点をまとめて報告してください。次段落以降の注意点を踏まえ、5分以内に確認できるようにしてください。

・問題は全員分をまとめ、傾向ごとに整理して教えて。

・業務や明日の予定のうち、ルーティン業務は省略して。私（上司、D 木 D 助）の確認が必要な場合と、時間がかかりすぎている場合だけ報告して。（日報省略）

ChatGPT の回答

問題と傾向：

1. プロジェクト X に関して、3 人のメンバーから期待される進捗が達成できていないとの報告がありました。これは特定の技術的課題によるもので、メンバー間での調整と追加の支援が必要と考えられます。

2. ふたりのメンバーがクライアントからのフィードバックを適切に管理するのに困っているようです。

業務と明日の予定：

1. メンバー A は明日、重要なクライアントとのミーティングを予定しています。D 木 D 助の確認は必要ないとのことですが、結果を報告する予定です。

2. プロジェクト Y に取り組んでいるメンバー B は、予想よりも時間がかかっていると報告しています。

チームづくり・運営

上司への報告について相談する

問題の要点をまとめてください

上司へのホウレンソウ（報告・連絡・相談）は大切です。しかし、何でもかんでも上司に判断を仰いでいては、上司の時間をいたずらに奪うことになるだけでなく、自分の成長にもつながりません。報告事項と連絡事項の要点を整理し、相談点についても自分なりのプランをもったうえで上司に声をかけるというのが、できるビジネスパーソンの基本です。そうしたホウレンソウのルールを心得ている部下に対しては、上司も丁寧に対応してくれやすいですし、評価も高くなりやすいはずです。

ただ、そのために時間をかけすぎて報告が遅れてしまっては本末転倒です。そこで、迅速にわかりやすいホウレンソウを行うために、**ChatGPTに報告内容を整理させて効率化を図ってみてもよいでしょう。**

ChatGPTへの指示

上司に報告・相談するために、プロジェクトX（前項目）に関して発生している問題の要点を、簡潔かつ具体的にまとめてください。簡潔な改善案も示してください。

ChatGPTの回答

問題の要点：

プロジェクトXにおいて、特定の技術的課題が進行を遅らせています。具体的には、新しいソフトウェアの導入に伴う互換性問題と、必要なデータの解析に時間がかかっていることです。これらの問題は3人のメンバーによって報告され、期待される進捗が達成できていない状況です。

改善案：

1. 技術的課題に対するサポート : 専門家や経験豊富なチームメンバーのアドバイスを求めることで、技術的な課題を解決することを提案します。具体的なタスクは明確に割り当て、進行状況を定期的に確認します。

2. データ解析のプロセス改善 : データ解析に時間がかかっている問題については、より効率的なツールの導入や外部の専門家にコンサルティングを依頼することで、プロセスを速めることができると思います。

Column

愚痴や人生相談にも乗れるChatGPT

他人に相談しにくい悩みを抱えている人は多いのではないでしょうか。とくに悩みがない人でも、誰かに思いっきり愚痴を言いたい日もありますよね。そんなときにはChatGPTに悩みを吐き出してみてはどうでしょう。ChatGPTはAIですが、感性的な悩みであっても、きちんと反応を返してくれます。

ただし、何も前置きなしで相談を始めると、こちらを励ましつつも、非常に建設的なアドバイスを返してきます。誰かに愚痴を吐き出したいときには、正論で返してほしくない、ただ共感してほしいだけのことも多いですよね。ただ聞き役になってほしいときは、「アドバイスはいらない」と最初に伝えておくようにしてください。ただし、GPT-3.5ではアドバイスをせずに上手にこちらの相談にのるということは難しいようです。GPT-4が利用できる人は試してみてください。

2章
事務作業に生かす

情報整理

ルールを決めて顧客名簿を整理する

氏名を姓と名に分けてください

顧客名簿を作成する際、人名に関して一定のルールを設定しておくと、のちのち効率的に活用することができます。たとえばフルネームをそのままひとまとめに入力するのではなく、姓と名を分けておくといったルールが考えられます。

こうしたルールが設定されていないデータを渡されたときは、手作業で姓と名を振り分けていかなければなりません。しかしChatGPTを活用すれば**自動的に姓と名を区別してくれます**。

難読苗字に**ふりがなをつけることも可能です**。たくさんの顧客の名前を一気に調べられるので便利ですが、ChatGPTは本来の読み方と異なる回答を出すことも……。そのため、人による最終確認は欠かせません。それでも一つひとつ手作業で進めるよりは、大幅に時間を節約できることでしょう。

ChatGPT への指示

以下の氏名を姓と名に分けて、その間にコンマを入れて下さい。

山田一郎

蓬莱啓子

九十九三郎

佐藤愛羅

ChatGPT の回答

山田一郎→山田，一郎

蓬莱啓子→蓬莱，啓子

九十九三郎→九十九，三郎

佐藤愛羅→佐藤，愛羅

ChatGPT への指示

それぞれにふりがなをつけてください。

ChatGPT の回答

山田一郎（やまだ いちろう）

蓬莱啓子（ほうらい けいこ）

九十九三郎（つくも さぶろう）

佐藤愛羅（さとう あいら）

情報整理

名簿の住所を単位ごとに分ける

住所（所在地）を都道府県別、市区町村別に分割してください

顧客名簿を仕事に活用している人は多いことでしょう。名簿に記されているデータには顧客の「住所（所在地）」も含まれているはずですが、その**住所を都道府県、市区町村、町名などの単位で分割しておくと、より細かなデータの管理と検索が可能になります。**地域ごとのソートができるようになるため地域別のデータ解析や顧客のターゲティングなども簡単に。たとえば、特定の地域でのニーズが把握できた場合、精度の高いマーケティングが可能となってくるわけです。

さらに、住所ごとのデータを地理情報として組み合わせることで店舗配置や配送ルート最適化も可能になります。ほかにも地域特性に応じた個別のコミュニケーションも実現でき、顧客へのメッセージを最適化することもできます。住所の分割作業には手間がかかるため、ChatGPTに任せると時間を大幅に節約できます。

ChatGPT への指示

以下の住所を都道府県名、市区町村名、町名と番地、建物名にコンマ区切りで分割してください。

北海道函館市難波町６－２

宮城県仙台市青葉区山形３３３

千葉県千葉市若葉区緑８８

東京都新宿区新宿北 ５－５－５ハイツ新宿６６６

東京都あきる野市富士見台３－４－５

神奈川県横須賀市小川町５メゾン横須賀３２

愛知県名古屋市昭和区栄５－１７

ChatGPT の回答

以下は住所を都道府県名、市区町村名、町名と番地、建物名にコンマ区切りで分割したものです。

北海道 , 函館市 , 難波町６－２

宮城県 , 仙台市青葉区 , 山形３３３

千葉県 , 千葉市若葉区 , 緑８８

東京都 , 新宿区 , 新宿北 5-5-5, ハイツ新宿６６６

東京都 , あきる野市 , 富士見台３－４－５

神奈川県 , 横須賀市 , 小川町 5, メゾン横須賀３２

愛知県 , 名古屋市昭和区 , 栄５－１７

情報整理

資料の数字を読みやすく統一する

漢数字をアラビア数字に変換してください

たとえば文献にある数字を拾って資料を作成したり、**異なる資料を共通のフォーマットで整理**したりするとき、漢数字をアラビア数字に変換したほうがわかりやすいということは、ビジネスシーンでよく見られます。「十三万九千八百七十七」よりも「１３９８７７」のほうがパッと見て理解しやすいはずですし、**桁区切りのコンマを入れる**と、なおわかりやすいでしょう。

金額や数量など、具体的な数値を用いる場合は、アラビア数字を使うことが一般的となっています。しかし、こうした漢数字をアラビア数字に直していく作業は手間がかかるだけでなく、ミスの温床にもなります。こうした変換を、ChatGPTは瞬時に正しく処理してくれます。また、変換したアラビア数字は自動的に3桁ごとにコンマで区切ってくれます。

ちなみに、「０」が並んでいることを意味する「飛んで」も通じます。

ChatGPTへの指示

以下の漢数字をアラビア数字に変換してください。

十

二百五十九

八千三

二千二十三

五万五千五百五十五

十二万飛んで五

一億二千六百十三万九千八百七十七

ChatGPTの回答

以下は漢数字をアラビア数字に変換した結果です：

十→ 10

二百五十九→ 259

八千三→ 8,003

二千二十三→ 2,023

五万五千五百五十五→ 55,555

十二万飛んで五→ 120,005

一億二千六百十三万九千八百七十七→ 126,139,877

書類作成

ビジネス文書を作成する

見積書のテンプレートをつくってください

見積書や契約書、請求書、納品書、発注書……ビジネスシーンでは、さまざまなビジネス文書が用いられます。こうした**文書のフォーマットの作成**も、ChatGPTは瞬時に行ってくれます。

ただし、**提示される回答はテキストのみ**。たとえば「エクセルで作成して」「ワードで作成して」と指示をしても「私はテキストベースの回答しか提供できません」という応答が戻ってきます。テキストをもとにアレンジする必要があることは留意しておきましょう。

とはいえ、**基本的なフォーマットがあらかじめ用意されると文書作成の作業はずいぶん楽になる**ことでしょう。ここでは、見積書の作成を指示してみました。基本的な項目はすべて網羅されていることがわかります。「運輸業界で使う」など条件を加えると、より適当なものが出力されます。

ChatGPTへの指示

一般的な見積書のテンプレートをつくってください。

ChatGPTの回答

以下は、一般的な見積書のテンプレートです。ご利用の際は、必要な情報を適宜埋めてください。

```
----------------------------------------
見積書

[会社名]
[住所]
[電話番号]
[E メール]

[見積日]
[有効期限]

[顧客名]
[住所]
[電話番号]
[E メール]
----------------------------------------
品名/サービス名        数量  単価  金額
----------------------------------------
[1.]
[2.]
[3.]
----------------------------------------
小計: [小計金額]
税金: [税金金額]
合計: [合計金額]
----------------------------------------
備考:
----------------------------------------
```

このテンプレートでは、見積書の基本的な項目を含んでいます。必要な箇所に会社名や顧客情報、品名 / サービス名、数量、単価、金額などを埋めていくことで、見積書を作成することができます。また、小計や税金、合計金額などの計算も行えるようになっています。備考欄もあり、追加のコメントや特記事項を記載することができます。必要に応じて、デザインや書式をカスタマイズし、自社の要件に合わせて見積書を作成してください。

書類作成

契約書を作成する

雇用契約書のひな型をつくってください

ビジネス文書のなかでもとくに重要なのは「契約書」でしょう。契約書はビジネスにおいて関係者の権利や義務、取引条件などを明確にする役割があります。

その契約書には雇用契約書や売買契約書、賃貸借契約書などさまざまなものがありますが、いずれも目的は同じ。関係者の合意事項をハッキリさせ、のちの争いを防止するために交わされます。

法的な文書となるため、法律の専門家による最終的な確認を通すことをおすすめしますが、**ひな型を作成する程度であれば、ChatGPTに代行させることは十分に可能**です。例として作成したのは、飲食店のオーナーが学生アルバイトを雇う際に用いる雇用契約書です。ChatGPTには「あなたは飲食店のオーナーです」などのように、役割を与えて指示を出すことで、目的が具体的になるため意図が反映されやすくなります。

ChatGPTへの指示

あなたは飲食店のオーナーです。学生アルバイトを雇用することにしました。最低限必要な項目を反映した雇用契約書のひな型を作成してください。

ChatGPTの回答

雇用契約書

この雇用契約（以下「本契約」と称します）は、以下の雇用主（以下「雇用主」と称します）と従業員（以下「従業員」と称します）との間で締結されます。

1. 雇用条件（詳細内容は略）
2. 従業員の権利と義務（詳細内容は略）
3. 雇用主の権利と義務（詳細内容は略）
4. 解雇（詳細内容は略）
5. 秘密保持（詳細内容は略）
6. 契約の変更（詳細内容は略）
7. その他の規定（詳細内容は略）

上記の内容に同意し、本契約に署名することで雇用契約が成立します。

雇用主 :[雇用主の氏名]　日付 : [日付]

従業員 :[従業員の氏名]　日付 : [日付]

書類作成

文書の間違いをチェックする

文章に問題がないかチェックしてください

ビジネス文書の内容や表記は、正確を期す必要があります。たとえ**些《さ》細《さい》なミスであっても、大きな信用問題に発展する可能性を含んでいる**ためです。近年はとくに企業のコンプライアンスが重視されていることもあり、ビジネス文書の作成には入念な注意が求められています。

ビジネス文書における**表記の単純なミスを、すばやくチェックしたい場合にもChatGPTは有効**です。表記などに間違いがあれば、指摘したうえで修正までしてくれます。また、内容をブラッシュアップするためのアドバイスを提供してくれることも。

正式なビジネス文書を作成するにあたって、まずはざっくりとケアレスミスを取り除いておきたいという場合もあるはず。そういうときにChatGPTを使えば、手間も時間も削減できます。

ChatGPT への指示

雇用契約書の冒頭を作成してみました。以下の文章に問題がないかチェックしてください。

この雇用契約（以下「本契約」と称します）は、以下の雇用主（以下「従業員」と称します）と従業員（以下「雇用主」と称します）との間で締結されます。

ChatGPT の回答

指摘させていただきますが、ご提示いただいた文章には役割の名称が逆転している点が問題となります。正確には、「雇用主（以下「雇用主」と称します）と従業員（以下「従業員」と称します）」となるべきです。修正した文を以下に示します：

「この雇用契約（以下「本契約」と称します）は、以下の雇用主（以下「雇用主」と称します）と従業員（以下「従業員」と称します）との間で締結されます。」

書類作成

修正した箇所を確認する

文書内容の変更点を見つけてください

企画書や稟《りん》議《ぎ》書、報告書といったビジネス文書は、内容に不備がある場合、修正を加える必要があります。ビジネスの現場では日常的な光景といってよいでしょう。

ここで仮にあなたが部下をもつ立場で、その部下から文書を提出されたとします。そしてその文書の問題点をいくつか指摘し、修正を指示したとします。

その指示を受けて部下は文書を再提出してきました。あなたはその文書を改めてチェックすることになるわけですが、**最初のものと比べてどのように修正されたのかを確認する際にも、ChatGPT は作業をサポートしてくれます。**

方法は簡単。**最初の文書と再提出された文書を並べて示し、変更点を見つけるように指示するだけ**です。ChatGPT はふたつの文書を読み比べて、すぐに答えを出してくれます。

この「変更点を確認させる指示」はほかにもいろいろと応用できるはずです。

ChatGPTへの指示

【修正前の文】と【修正後の文】を比較して変更点を見つけてください。

【修正前の文】営業活動をスムーズにしたいのでタブレット端末を購入したいと思っています。資料をアッという間に提示できるため商談もスムーズになると考えられます。

【修正後の文】スムーズな営業活動のためにタブレット端末の購入を検討しています。資料をスピーディーに提示できるため商談もスムーズになると考えられます。

ChatGPTの回答

【変更点】
「営業活動をスムーズにしたいので」が「スムーズな営業活動のために」に修正されました。（後略）
「購入したいと思っています」が「購入を検討しています」に修正されました。（後略）
「アッという間に」が「スピーディーに」に修正されました。（後略）

エクセルの操作を質問

すぐに使える関数を探す

〝目的〟をするためのエクセル関数を教えてください

ビジネスパーソンにとって、エクセルの操作は必須といってもよいビジネススキルです。エクセルを有効に活用するためには、多くの関数を使いこなす必要がありますが、エクセルの関数は500ほどあり、記憶だけで使いこなせる数には限度があります。すべての関数をマスターしようとするのは、非現実的といわざるをえません。

多くの人はよく使う関数を覚えておき、イレギュラー的に用いる関数は、そのつど調べるというパターンをとっているのではないでしょうか。関数はすぐに出てくるでしょうが、**「この場合、関数をどうやって使えばいいんだろう?」**としばらく試行錯誤することもあるはずです。そんなときは、ChatGPTに聞いてみてください。やりたいことを指示すれば、そのまま使える関数を即座に提示し、使い方も教えてくれます。具体的にやりたいことを指示すれば、**そのままコピーして使える関数が提示されます**。

ChatGPT への指示

A の列の数字を、小数点第 2 位で四捨五入をするためのエクセル関数を教えてください。

ChatGPT の回答

Excel の ROUND 関数を使うと、小数点以下の数値を四捨五入することができます。

例えば、A 列の数値を小数点第 2 位で四捨五入する場合、次のように使用します。

=ROUND(A1,2)

この式では、A1 セルの値を小数点第 2 位で四捨五入します。ここで、2 は四捨五入する桁数を指定します。この数値を変更することで、小数点以下の任意の桁数で四捨五入できます。

なお、この関数を一度に複数のセルに適用するには、一つのセルに関数を入力した後、そのセルの右下の小さな正方形（フィルハンドル）をドラッグして範囲を選択します。これにより、関数が選択した範囲全体にコピーされ、各セルの値がそれぞれ四捨五入されます。

エクセルの操作を質問

より使いやすい関数を見つける

次の関数を簡単にしてください

エクセルの関数のなかでよく使われるもののひとつが「ＩＦ関数」です。たとえば「もし○○ならA、××ならB、それ以外ならC」というように、条件によって処理を指定する際によく使われます。

単純な条件を設定する際には便利ですが、複雑な条件であったり、たくさんの条件を扱ったりする場合には式が複雑になり、見て内容がわかりにくいという弱点をもっています。**複雑になれば、それだけ入力や条件指定のミスも起こりやすくなります。**「式をもっとスッキリさせたい」「わかりやすくしたい」と考える人は少なくないでしょう。

このような問題も、ChatGPTが解決してくれます。複雑な式を示して「簡単にしてください」と指示するだけです。ＩＦ関数に限らず、ほかの複雑な式でもできるので、試してみてください。

ChatGPT への指示

次の関数を簡単にしてください。

=IF(b3>=700,”A",IF(b3>=500,"B",IF(b3>=300,"C","D")))

ChatGPT の回答

あなたが示した関数はすでに比較的簡単な形式であると言えますが、より読みやすくするために Excel の新しい関数「IFS」を使って書き直すことができます。

IFS 関数は、複数の条件を指定して評価できるため、IF 関数をネスト（入れ子に）する必要がありません。あなたの関数を IFS 関数で書き直すと次のようになります。

=IFS(B3>=700,"A",B3>=500,"B",B3>=300,"C",TRUE,"D")

この関数は、「もし B3 が 700 以上なら "A"、500 以上なら "B"、300 以上なら "C"、それ以外なら "D"」という評価を行います。IFS 関数では、条件は左から順に評価され、最初に真となる条件に対応する結果が返されます。

エクセルの
操作を質問

エラーの理由と解決法を探る

エラーの原因は何ですか？

エクセルを使っているとき、セルにエラー表示がされてしまうことがあります。原因がわからず、何度修正してもくり返されるエラーに頭を抱えてしまった経験をもつ人も多いのではないでしょうか。

エラー表示の種類としては「#VALUE！」「#N／A」「#REF！」「#NAME？」などがありますが、これらはそれぞれにエラーの原因を表しています。たとえば**「#VALUE！」なら、数式が間違っていることを意味しますし「#REF！」は指定のセルが参照できないことが原因**ということを示しています。

エラー表示が出たとき、素早く原因を突きとめて解決するためにもChatGPTが有効です。**原因を教えてくれるだけではなく対処法も提示してくれる**ため、エラーをスムーズに修正することができます。

ChatGPT への指示

エクセルで次のエラー表示が出ました。原因は何ですか？
SUM(C2,#REF!)

ChatGPT の回答

#REF! エラー : エラーセル参照

このエラーは、SUM 関数内のセル参照が無効または削除されたセルを指している場合に表示されます。

C2 セルまたは関連するセルが削除または移動された可能性があります。SUM 関数内のセル参照を確認して、存在するセルを指しているかどうかを確認してください。

（中略）

解決策としては、以下の手順を試してみることができます :

エラーセル参照を修正 :SUM 関数内のセル参照（この場合は C2）が正しいセルを参照していることを確認してください。セルが削除または移動された場合は、参照を修正する必要があります。

エクセルの操作を質問

最適なグラフの種類を決める

このデータにふさわしいグラフは何ですか?

数値をまとめた表データは、グラフ化することでよりわかりやすく情報を示すことができます。棒グラフ、折れ線グラフ、円グラフ、帯グラフなど、さまざまなタイプのグラフがありますが、用途に応じて適切なグラフを選ぶことが必要です。

狙った効果を得るためには、どのグラフを選ぶのが最適だろうか、と迷うこともあるかもしれません。そんなときにはChatGPTに案を求めてみてください。**グラフの使い分けについてのアドバイスや、グラフの選択に関する情報も提供してくれます。**

たとえばカテゴリの割合や比率を示すのに適しているのは円グラフで、時間的な変化やトレンドの表現に向いているのは折れ線グラフです。ChatGPTはそうしたデータの特性や目的を踏まえたうえで適切なアドバイスを提供してくれます。いくつかの候補を比較するために、メリット・デメリットを示すように指示することもできます。

ChatGPT への指示

月別のノルマ達成状況を視覚化するために効果的なグラフは何ですか?
理由を添えて提案してください。

ChatGPT の回答

月別のノルマ達成状況を視覚化するためには、折れ線グラフが効果的です。
折れ線グラフは時間の経過に伴う変化を視覚的に表現するのに適しています。月ごとのノルマ達成率を折れ線で表示することで、時間の経過に伴うノルマのトレンドや変動を追跡することができます。

以下に折れ線グラフの利点をいくつか挙げます：
1. ノルマの変化を明確に示す：折れ線グラフは、ノルマの達成率の上昇や下降、季節性の変動など、ノルマの変化を明確に示すことができます。視覚的な表現によって、ノルマの進捗状況や傾向を素早く把握することができます。
（以下略）

日報作成

日報に書く内容をまとめる

日報を作成するうえで必要な情報を質問してください

自身の業務を振り返り、改善につなげていくためのツールとして「日報」があります。1日の終わりに日報を書くことで、自身の強みや弱みを客観的に見つめることができ、**仕事の進捗状況や、取り組むべきタスクなどを明確化**することもできます。日報を作成することは、業務の効率化や生産性の向上にもつながります。

日報を作成する際、ChatGPTに手伝ってもらうことで、作業は格段にスムーズになります。日報のひな型を作成するように指示することもできますが、ここでは「営業日報を作成するうえで必要な情報を質問してください」というプロンプトを使いました。ChatGPTが投げかけてくる質問に答えることで、**日報に書くべき項目を自然にまとめることができます**。何から書いていけばいいか迷ったときにはこの方法を試してみてください。

ChatGPT への指示

営業日報を作成するうえで必要な情報を質問してください。

ChatGPT の回答

営業日報を作成するために必要な情報は以下のようなものが考えられます。この情報は、あなたの職務や企業の業務状況によって変わる可能性がありますので、参考程度にご覧ください。

1. 日付：報告対象となる具体的な日付は何ですか？
2. 営業担当者名：営業担当者の名前は何ですか？
3. 顧客名・訪問先：訪問または連絡した顧客や訪問先の名前は何ですか？
4. 訪問内容・商談内容：訪問または商談で何を話しましたか？
5. フォローアップ事項：商談に基づき、どのようなアクションやフォローアップが必要ですか？
6. 訪問結果・反応：顧客からの反応や商談の結果はどうでしたか？
7. 次回訪問予定またはアクション：次回の訪問予定またはアクションは何ですか？
8. その他のコメントや観察：特記事項や顧客の情報、市場の動向、競合他社の活動について観察したことはありますか?

ChatGPT への指示

1.2023 年 7 月 1 日

2.B

3. Aさま

4. 製品のプレゼンテーションを実施しました。

5. プレゼンを実施した種類の製品以外にも興味をおもちの様子なので、お礼の手紙とともにパンフレットを郵送します。

6. 顧客からの好意的なフィードバックを得て、次の段階に進むことができました。

7. 追加の打ち合わせを予定し、製品の詳細についての説明を行います。

8. 訪問中、予期せぬ技術的な問題が発生しました。早急な対応が求められましたが、自社のエンジニアチームに連絡し、迅速に問題を解決することができました。

ChatGPT の回答

あなたが提供した情報に基づいて、以下のような営業日報を作成することができます。

日付 : 2023 年 7 月 1 日
営業担当者名 : B
訪問先 : A さま
訪問内容 : 本日は A さまへ製品のプレゼンテーションを実施いたしました。訪問中に予期せぬ技術的な問題が発生しましたが、自社のエンジニアチームに連絡し、迅速に問題を解決することができました。
反応・結果 : 製品について好意的なフィードバックを頂き、次の段階に進むことができました。
次回訪問予定・アクション : 追加の打ち合わせを予定しております。その際に、製品の詳細についての説明を行います。また、A さまがプレゼンを実施した種類の製品以外にも興味をおもちの様子だったため、お礼の手紙とともにパンフレットを郵送することにしました。
その他の観察・学び : 技術的な問題発生時にエンジニアチームへの連絡方法やバックアッププランの整備が重要であることを再確認しました。今後は、この点を注意して活動を進めていきます。

日報作成

日報を業務改善につなげる

業務で改善すべき点を指摘してください

日報には業務上の課題や問題点が記されているため、詳しく分析することで改善点を見つけられる場合が多くあります。ChatGPTに協力してもらいながら、その改善点をより具体的に深掘りしていく方法を紹介します。AIを利用することで、先入観にとらわれず、いろいろな角度から改善点を検証することができます。

日報を書き、ChatGPTに改善提案をさせるという流れは、業務の改善によく利用されるフレームワークである**「PDCAサイクル」そのもの**です。PDCAサイクルとは、計画（Plan）を実行（Do）し、検証（Check）、改善（Action）を繰り返していくことで業務をブラッシュアップしていくという手法です。ChatGPTに改善点を見つけさせたら、そのまま次の計画を立案させてもよいでしょう。**日報とChatGPTを組み合わせることによって、高速で仕事の質を上げていける**というわけです。

ChatGPT への指示

日報（前項目）の記述から、業務の改善点を指摘してください。

ChatGPT の回答

日報から読み取れる改善点は主に次の 2 点です：

1. 技術的な問題への対応：日報には、「訪問中に予期せぬ技術的な問題が発生した」とあります。これは、営業訪問の前により詳細な製品知識を持つか、またはエンジニアチームと密に連携するなどして、技術的な問題への対応能力を強化する必要があることを示しています。事前により多くのシナリオを想定し、それぞれの問題解決法を準備することで、予期せぬ問題が発生した際の対応力を向上させることができます。
2. 顧客の関心への対応：日報には、「プレゼンを実施した種類の製品以外にも興味を持っている様子だった」とあります。この情報は、顧客のニーズに対する理解を深めるために、事前のリサーチをより徹底的に行うことが必要であることを示しています。また、複数の製品について話す準備をしておくことで、顧客の予想外の関心にも迅速に対応できます。

会議の議事録

会議の内容をまとめる

議事録のひな型を作成してください

会議の議題や交わされた意見の内容などを簡潔に記し、誰が読んでもわかるようにまとめる「議事録」。この議事録の作成者は、一般的には若手社員に任されるケースが多いようです。議事録に苦手意識をもつ人は少なくないはず。とくに初めて議事録の作成を任された際などは、不安を感じることでしょう。**小さな企業であれば、書式もとくに決まっていないということもあるかもしれません。**そういうときは、ChatGPTをアシスタント代わりに使うと便利です。

まずは議事録のひな型を提案してもらいましょう。あらかじめ会議のテーマがわかっていたら「〇〇のための会議に使う議事録のひな型を作成して」と指示すれば、**テーマにふさわしい議題も一緒に提案**してくれます。もちろん必要項目だけを示したシンプルなひな型も作成可能。会議内容に応じてカスタマイズして使いましょう。

ChatGPTへの指示

売上高向上のための営業会議を開催します。この会議にふさわしい議事録のひな型を作成してください。

ChatGPTの回答

議事録

日時 : [会議の日付と開始時刻]

場所 : [会議の場所]

出席者 :[出席者の氏名・役職]

欠席者 :[欠席者の氏名・役職]

議題

売上高向上に向けた現状分析

前期の売上データの確認

営業戦略の見直し

新規顧客獲得の取り組み

議事録作成者 : [作成者の氏名・役職]

アクションアイテム :

[具体的なアクションまたは課題]

[担当者の氏名・役職]

[期日] (後略)

会議の議事録

会議メモから議事録を作成する

メモをもとに文章を書いてください

会議の際には**「誰が何を言ったか」をしっかりと記録しておくことが大切**になってきます。とくに議事録の作成が前提の会議は記録が不可欠です。発言者の一言一句を漏らさずに書き記すのは現実的ではありません。発言のポイントを要約して書いていくのが、オーソドックスな方法です。

そのメモをもとに文章を書き起こして、議事録に反映させるわけですが、ChatGPT に作成を任せ、作業の効率化を図りましょう。簡単なメモであっても、それなりに体裁の整った文章にまとめてくれます。基本的に「です・ます」調の文章が出力されるので、必要に応じて「だ・である」調にして、などの指示を加えて調整しましょう。

その文章をもとにして、議事録に使えるように修正を施せば時間を大幅に節約できます。効率が上がれば、あなたの評価にもつながるはずです。

ChatGPTへの指示

以下の「会議のメモ」をもとに文章を作成してください。

発言者：高橋社長

発言内容：

売上高向上のための課題は?

顧客に対するフォロー体制の見直しが必要

新規開拓への取り組みを加速

ChatGPTの回答

会議では、高橋社長から売上高向上についての重要な指示が発表されました。

まず、社長は「売上高向上のための課題は何か?」と問いかけました。これにより、我々が直面している問題や可能性を全員で議論する機会が提供されました。

次に、高橋社長は「顧客に対するフォロー体制の見直し」の必要性を強調しました。顧客満足度の向上とロイヤリティの確保を目指し、顧客へのアプローチ方法を再評価し、適切な対応策を取ることが求められました。

最後に、新規開拓に対する取り組みを加速することが指示されました。これは、新たな市場や顧客層へのアクセスを強化し、会社の売上高をさらに伸ばすための戦略的な一手となります。（以下略）

会議の議事録

次回の会議に備える

議事録の内容を要約してください

会議の内容をまとめた**議事録を要約することは、次回の会議を効率的に進めていくことにつながります**。前回の会議で交わされた意見や決定事項を把握することで、次回のテーマや議題の選定がスムーズになりますし、**決定事項の進捗状況を次の会議で確認することも可能**です。また、前回の会議には出席していなかった人たちにとっては、議題に対する理解がしやすくなるというメリットもあります。

文章の要約はChatGPTが得意とするところです。ポイントを抜き出すように指示を与えれば、理解しやすいかたちで要約文を提示してくれます。

ポイントを把握することに加え、重要な情報をまとめて提供してくれるため、会議の目的が共有しやすくなり、効率的なコミュニケーションや意思決定の実現に結びついていくのです。

ChatGPTへの指示

以下の文章の内容を簡潔に、箇条書きで要約してください。

議題：新製品の販売戦略について

決定事項：新製品の販売目標は20万台で、販売計画はテレビCMおよびWeb広告を活用して宣伝する。マーケティング戦略に関しては特徴をわかりやすく伝え、広くユーザーに新製品の魅力を伝え、共感を促す。また、営業戦略は新製品を販売店に卸し、販売店を通じてユーザーに広く提供していく。

ChatGPTの回答

・新製品の販売目標：20万台

・販売計画：テレビCMとWeb広告を活用する

・マーケティング戦略：製品特徴を明確に伝え、ユーザーの共感を得る

・営業戦略：新製品を販売店に卸し、ユーザーに広く提供する

会議の議事録

「質問はないですか？」に備える

会議用の質問を提案してください

会議にはさまざまな目的があります。たとえば参加者同士の情報共有や意見交換、問題解決、意思決定などがおもだったところでしょう。こうした目的を果たすことができれば、会議は成功したといえます。

会議を実りあるものにするために必要なのが、積極的な「質問」です。質問をすることで参加者からより多くの情報が得られますし、議題への理解も深まります。ところが「会議で質問をするのは苦手」と考える人は多いようです。質問が思いつかなかったり「こんな質問をして笑われないか」と腰が引けてしまっていたり。

質問が思いつかないときは、ChatGPTに代わりに考えてもらうのも、ひとつの手です。議題はあらかじめわかっているはずですから、そのテーマを伝えて質問例をいくつか出すように指示すると、すぐに応じてくれます。

ChatGPT への指示

新製品の販売戦略会議に出席することになりました。質問を用意しておきたいので、見逃されやすい視点に基づいた質問を、5 個提案してください。

ChatGPT の回答

新製品の販売戦略に関する質問をいくつか提案いたします。これらの質問は、一般的に見逃されがちな視点を考慮しています。

1. ユーザーの声に基づいた市場調査は行われましたか?製品の開発において、ユーザーのニーズや要望を重視することは重要ですが、その観点での市場調査は行われましたか?顧客の意見やフィードバックを反映させることで、製品の受け入れ度や成功の可能性を高めることができます。
2. ライバル商品との競争力を評価しましたか?同様の製品や競合他社の商品との比較は行われましたか?ライバル商品との差別化ポイントや競争力を明確にすることは、市場での成功に不可欠です。
3. 製品のデモンストレーションやトライアル提供は予定されていますか?製品を実際に試してもらう機会やデモンストレーションの計画はありますか?（以下略）

会議の議事録

議事録に使う文章作成を自動化する

以下の文章を読みやすく整えてください

議事録作成のために会議全体を録音するケースは少なくないと思います。録音によって会議の内容は正確に記録されますが、これを議事録用に文字に起こすとなると相当な手間がかかります。たとえば会議時間が1時間だったとしても、音声を聞きながら文字にしていくため、その何倍かの時間が必要になってきます。

こうした**面倒な文字起こしは、「Notta」や「CLOVA Note」などのAI音声認識アプリ（文字起こしアプリ）に任せましょう。**短時間で発言内容をテキストに変換してくれます。ただし同音異義語が混じっている場合もあるので（市場ニーズが史上ニーズになるなど）、そこは修正の手間が必要です。変換されたテキストですが、**ChatGPTに読みやすく整えるように指示すると、違和感のない文章に直してくれます。**音声認識アプリとChatGPTの組み合わせで、文字起こしの苦労から解放されるのです。

ChatGPT への指示

以下の文章を読みやすく整えてください。余分な句読点や言葉は取り除いて結構です。
" あ、えーっとですね。A社からの、その、A社から打診されたですね、新規案件は当社にとってもメリットが大きく、まあその、前向きに応じる方向で、そうですね、検討していきたいと考えています。まずは調整可能かどうかの検討を、そう、そこから始めていきましょう。"

ChatGPT の回答

A社からの新規案件は、当社にとっても大きなメリットがあります。前向きに応じる方向で、検討していきたいと考えています。まずは調整可能かどうかの検討から始めましょう。

ChatGPT への指示

箇条書きに変えてください。

ChatGPT の回答

・A社から打診された新規案件は当社にとって大きなメリットがある。
・前向きに応じる方向で検討していく。
・最初に調整可能かどうかの検討を行う。

Column

ついに外部ファイルを取り込み可能に！

2023年7月に、ChatGPTの新機能であるCode interpreterのオープンβテストが開始されました。この本の刊行時点では、有料プランであるChatGPTplusだけで利用できる状態となっています。

この機能は、外部ファイルをChatGPTに取り込んだり出力したりできるようにする機能です。たとえば、csvやExcelのファイルを取り込んで、そのデータから表をつくらせることができます。じつは32ページで触れたOCRも利用できます。ただし、現時点では日本語に対応していないので、日本語はうまく拾いません。

また、つくった文章や表をtxtやcsvなどの形式で、出力させることも可能になりました。このようにChatGPTは劇的なスピードで進歩しています。この本をあなたが手にした段階で、すでにここに記載のない新機能が追加されているかもしれません。

3章

企画・提案に生かす

企画考案

アイデアを出させる

〝テーマ〟についてアイデアを考えてください

企画職の人はもちろんとして、営業や事務の仕事をしている人であっても、突然アイデアを求められる場面というのはよく見られます。たとえば新商品の営業プラン、社内向け配布物の企画など。普段慣れていないだけに、何から考えればいいか悩みますよね。

ChatGPTは、与えられた条件に基づいてアイデアを提示することができます。ただし、基本的にユニークで革新的なアイデアは出てきません。妥当なアイデアが出てきます。なので、**そのまま使える完璧なアイデアを出させようとするよりも、案をたくさん出させ、そこから気に入ったものを自分で調整していく**ような使い方がおすすめです。

また、明確で具体的にというのがプロンプトの基本なのですが、アイデア出しについては、あまり明確で具体的にしてしまうと答えの多様性が失われる可能性があります。**あえて指示を曖昧にする**ことで、思いもしなかった答えが出てくることが期待できます。

ChatGPT への指示

地元のコミュニティで開催するための”文化交流イベント”のアイデアを 10 個考えてください。このイベントは、さまざまな文化的背景をもつ人々を引きつけ、交流を深めることが目的です。

ChatGPT の回答

文化交流を深めるイベントには、様々な形式やアプローチがあります。以下に 10 個のアイデアを提案します。

1. 料理教室：各国の伝統的な料理を作るクラスを開く。参加者は互いの料理を学び、一緒に食事を楽しむ。
2. 伝統芸能のパフォーマンス：各国の伝統的な音楽やダンスのパフォーマンスを観覧。アーティストとの Q&A セッションを設ける。
(中略)
9. フォトエキシビション：各国の風景や生活風景を紹介する写真展。
10. 模擬旅行：VR 技術を使用して世界中のさまざまな場所を "訪れる" 体験。

これらのイベントは、参加者が互いの文化を尊重し理解し合う機会を提供し、コミュニティ内での多文化理解と交流を促進します。

企画考案

出てきたアイデアを発展させる

〝アイデア〟について、詳細を教えてください

アイデアは最終的に上司や同僚、営業先などに提案することになると思います。そのためには、アイデアをより具体的にする必要があります。もちろん、ChatGPTのアイデアをもとに自分でブラッシュアップしていってもよいですが、ChatGPT自身にもっと具体的なところまでまとめさせることができます。

まず、ChatGPTから得られた回答が、想定した目標に合っておらず、実現可能に思えない場合は、その点を指摘してみましょう。ChatGPTはチャット形式でやりとりをできる点が強みのひとつです。**一度で思いどおりの回答が出なければ、指示を追加して方向性を軌道修正していくことが可能です。**

十分よいアイデアだと思うのであれば、詳細をまとめていきます。ここでは前ページで出力されたアイデアをさらに深掘りしてみます。

ChatGPTへの指示

"模擬旅行"というアイデアが、なぜ交流を深める助けになるのかがわかりません。具体的なプランも含めて、400字以内で詳細を教えてください。

ChatGPTの回答

"模擬旅行"は、VR技術を用いて参加者が世界中のさまざまな場所を"訪れる"体験を提供するものです。参加者は、その国の風景、文化、風俗、音楽などを仮想現実の世界で体験することができます。

具体的なプランとしては、各国の代表的な観光地や名所、市場、祭りなどのVR映像を用意します。また、それぞれの場所についての説明や、その国の文化や歴史についての解説も一緒に提供します。

この活動は、新たな視野を開くとともに、参加者が他の文化について理解を深める機会を提供します。現地を訪れたかのような体験は、参加者が自分自身の視点を広げ、他の文化に対する理解や共感を深めることを可能にします。さらに、この体験を共有することで、参加者間の会話や交流が生まれ、コミュニティの結束を深めることができます。

企画考案

別の視点から意見を出させる

〝視点〟をふまえて案を出してください

企画やアイデアにはどうしても、新しい視点や切り口が求められるもの。必死に頭をひねってみたけれど、どこかで見たことのあるアイデアになってしまった。奇抜すぎて誰も共感・理解できないものになってしまった。そんな経験はないでしょうか。

そんなときにもChatGPTを使うことが有効です。ChatGPTは膨大なデータをもとに、質問に対してなるべく妥当な回答をするようにできています。そのため、斬新なアイデアは出てきにくいのですが、**「自分とは異なる視点をもった人の一般的な意見」を尋ねる**には適したツールです。

たとえば、ターゲットとなる人物像を設定したり、環境保護についても考慮するように条件をつけたりして、アイデアを修正させてみてください。条件を加えるなどプロンプトを少し変えることで、全く異なる回答を返してくれます。

ChatGPT への指示

雑誌の特集のタイトルを考えています。主要読者は 40 代の主婦（夫）です。" 捨てる " や " 断捨離 " という言葉の言い換え案を、日本語 300 字以内で、4 つ提案してください。

ChatGPT の回答

1.「心のお掃除」：物理的なスペースだけでなく、心の中にも clutter(雑然としたもの)が溜まりがちです。このフレーズは、物だけでなく心の中の不要なものを取り除くことの重要性に焦点を当てています。
2.「モノとの別れ道」：物への執着を手放し、新たな生活スタイルを迎えるための一歩を表現しています。
3.「シンプル生活」：必要なものだけに囲まれた生活を目指す、ミニマリストのライフスタイルを指します。
4.「生活の軽量化」：物理的な荷物を減らすことで、生活全体を軽やかにするイメージを伝えます。

これらのフレーズは、" 捨てる " や " 断捨離 " といった概念を少し異なる視点から捉え、読者が自分自身の生活や習慣を見直すための新たなインスピレーションを提供することができるでしょう。

企画考案

想定される顧客のニーズについて聞く

〝商品・サービス〟の顧客ニーズを考えてください

商品やサービスを新たに企画する際、一般的にはターゲットとなる顧客を設定します。しかし、想定するターゲットが決まっても、社会的ステータスが自分とかけ離れていたりすると、顧客ニーズをつかむことは容易ではありません。

このような例でもChatGPTが使えます。**特定の商品やサービスの情報を与え、どのような顧客が想定され、どのようなニーズをもっているのか検討させてみましょう。**データをもとに、想定されるニーズをアドバイスしてくれます。

左の例では「60代向けルート案内アプリ」と具体的なターゲットとサービスを例にしていますが、「外国人観光客」といったターゲットのみ、「低価格で化粧ノリのよいコスメ」など商品名のみを設定しても答えが出てきます。ただし、あくまでデータをもとにした推測にすぎないので、プロジェクトを動かす際には、実際の市場調査などが必要です。

ChatGPT への指示

"60 代向けルート案内アプリ " の顧客ニーズを教えてください。

ChatGPT の回答

1. シンプルで視覚的にわかりやすいインターフェース：高齢者にはシンプルで直感的なユーザーインターフェースが重要です。視覚的には大きな文字、明瞭な色彩、わかりやすいアイコンなどが求められます。
2. 適切な音声案内：高齢者の中には視力に制限がある人もいるため、明確でわかりやすい音声案内が重要です。また、音声による操作も一部のユーザーにとっては便利です。
3. 安全なルート選択：一部の高齢者にとっては、より少ない交通量のある道路、歩道が広いルート、階段の少ないルートなどが必要です。
4. 緊急時のサポート：緊急時に警察や救急車への連絡を容易にする機能や、家族やケアギバーとの位置情報の共有などが求められます。
（中略）

これらの特性を組み合わせて設計することで、60 代のユーザーに対して役立つルート案内アプリをつくることができるでしょう。

企画考案

競合商品に勝つためにはどうすればいいか検討させる

〝商品・サービス〟と差別化を図る案を教えて

アイデアを具体的な商品やサービスにしていくために、欠かせない視点が、先行するライバル商品・サービスとどのように差別化を図るかということです。同じような商品を、同じように販売しようと思うと、値段や立地、広告力などの条件で勝敗が決まることになり、大手企業が勝ち続けることになってしまいます。アイデアを考えるときに、とくに多くの人が悩む部分ではないでしょうか。

自社と他社の企業規模や、ライバルがどの程度のシェアを獲得しているのかといった市場の状況、現場の開発能力の差、などによっても戦略は変わってきます。それを総合的に判断して、方向性を決めていかなければなりません。こんなときに相談する相手として、ChatGPTは手頃です。**妥当な差別化案を複数提案してくれる**ため、方向性を探っていく大きな助けになります。

ChatGPTへの指示

ルート検索アプリを企画したいと思っています。しかし、すでに "GoogleMap" などの高機能な無料アプリが複数存在しています。差別化を図る案を考えて。

ChatGPTの回答

大手の地図アプリとの競争は確かに厳しそうですが、特定のニーズにフォーカスし、以下のような差別化のアプローチを考えてみてはいかがでしょうか。

1. エコロジーに配慮したルート案内：炭素排出量が最小となるルートを提案する。これは公共交通機関を優先したり、自転車や徒歩が適切な場合はそのルートを提案することで、環境意識の高いユーザーにアピールします。
2. ヘルス＆フィットネス志向のルート案内：歩数や消費カロリーを表示しながらルートを提案。ウォーキングやランニング中のユーザーに適したルート（公園や自然の多いルート等）を提案することで、健康志向のユーザーにアピールします。

（中略）

どのアイデアも、特定のユーザー層に深く刺さるサービスとなり得ます。多様な人々に配慮したサービスは社会的評価も高まりやすく、成功の可能性も高まるでしょう。

企画考案

ブレストの相手にする

ブレインストーミングをします。〝テーマ〟について考えてください

ブレストとは「ブレインストーミング」の略で、アイデアや解決案を考える際に行われる会議の手法です。**ひとりで考えていたのでは出ないようなアイデアを出す**ことが目的で、各自がテーマに基づいたアイデアを出していきます。このとき、他人のアイデアにはなるべく便乗するようにして、質にこだわらず数を出していきます。最後に出てきたアイデアを検討して具体的な案にまとめていきます。しかし、人間同士では個人の知識や経験差、その場の空気感などで、出てくるアイデアが偏ってしまうことも多いでしょう。しかし、ChatGPTはＡＩですので、そのような心配はありません。

左の例では実際のブレストの流れに沿って、最初に地方活性化を目的とした案を出させ、何回か繰り返したあとに、「この企画はよかった」「この点に矛盾はないか」など、指示をして意見をブラッシュアップしていっています。

ChatGPT への指示

地方活性化を目的とした新しい企画の作成のため、ブレインストーミングをします。" 地方活性化 " というテーマで考えられる企画を5つ考えてください。

ChatGPT の回答

地方活性化に向けた新しい企画を考える際には、地域の特性を活かし、地元の人々だけでなく、観光客や新たな移住者を引きつけるものが効果的です。以下に 5 つのアイデアを提案します。

1. 地方特産品のマーケティング強化：地元の特産品を活用した商品開発やブランディングを行い、地元産品の知名度を上げる。オンライン販売なども活用し、地元経済の活性化を図る。

（中略）

5. リモートワーク支援：都市部からの移住者を増やすため、リモートワークに適した環境を提供。コワーキングスペースの設置や高速インターネットの整備、リモートワーク支援サービスなどを提供し、新たな住民を地域に呼び込む。

これらのアイデアは、地方の魅力を最大限に引き立て、地元の産業を活性化することを目指しています。

ChatGPT への指示

ネットでのプロモーションと相性のよいものを 5 つ考えて。

ChatGPT の回答

ネットでのプロモーションと相性の良い地方活性化の企画として、以下のようなものを考えます：

1. バーチャル観光ツアー：地域の魅力的なスポットを 360 度カメラで撮影し、オンライン上でバーチャル観光が楽しめるコンテンツを作成します。その地域を訪れるきっかけを作り、リアルな観光へとつなげます。

（中略）

5. オンラインで参加可能な地域イベント：地域の祭りや芸能をライブ配信し、オンラインでも参加できるようにします。また、オンラインでの体験型イベント（例：料理教室、工芸ワークショップ等）も企画します。

以上のような質問を、条件を変えながら数度繰り返します。

ChatGPT への指示

ウェブコンテンツを充実させる企画が目立ちます。よいですが、現地への集客につながるという意味では弱い。この課題を改善した案を提案してください。

ChatGPTの回答

ご指摘の通り、オンラインでのプロモーションは広範囲の人々にアピールする効果がありますが、具体的な現地への集客に直結しづらい面もあります。そこで、オンラインの取り組みと具体的な現地訪問を結びつける形の企画を考えてみました。

1. 地方旅行プランコンテスト：オンラインで地元の魅力を紹介し、訪れたいと思う人々に自分たちの旅行プランを投稿してもらうコンテストを開催します。最優秀プランには実際にそのプラン通りの旅行がプレゼントされます。
2. オンライン体験ツアー＋リアル訪問割引：オンラインで提供する地域の体験ツアー（例えば、料理教室や工芸ワークショップ）に参加した人に対して、実際に現地で同じ体験をする際の割引券を提供します。

（中略）

これらの企画はオンラインとオフラインの両方を活用し、具体的な現地訪問につながる可能性を高めます。

企画書作成

目的に沿った企画書のひな形を作成する

企画書のひな形をつくって

アイデアを会社や取引先に提案する場合に作成されるのが企画書です。書類全般にいえることですが、企画書にも押さえておいたほうがよいポイントがあります。普段企画書をつくらない業種の方であっても、何かを提案するのであれば、きちんと企画書の体裁に沿って情報をまとめたほうが、提案の意図が伝わりやすくなります。

会社で企画書のフォーマットが決まっていないという方は、まずChatGPTに企画書のひな形（テンプレート）を出力させることから始めてみましょう。ネットで検索しても企画書のひな形はいくらでも見つかると思いますが、どんな状況でも使える無難なものがほとんどで、結局自分で調整しないと使いにくいものです。ChatGPTであれば、**何についての企画書なのか（製品・サービス・イベントなど）を指示**しておけば、必要な情報を調整した、ちょうどよいひな形を出力してくれます。

ChatGPT への指示

大規模野外イベントの企画書を作成します。企画書に盛り込むべき項目と、各項目の内容について何を書けばよいか教えてください。

ChatGPT の回答

1. イベントのタイトルと目的：イベントの名前と、それが達成しようとする目的を明確に書きます。目的は具体的で測定可能なものにすると良いです。

2. イベントの日付と時間：イベントが開催される予定の日付と時間を記載します。

3. 場所：野外イベントのため、場所の詳細と場所選びの理由を書きます。アクセスの便利さ、規模、設備など、その場所を選んだ理由も説明します。

4. ターゲットオーディエンス：参加を想定している観客の特性を記述します。年齢層、性別、趣味、興味など、参加者のプロファイルを詳しく書くと良いでしょう。

5. イベントの内容：イベントで何が行われるのか詳細に書きます。音楽、食事、ゲーム、展示など、具体的な活動やアトラクションをリストアップします。

6. タイムテーブル：イベントの流れを時間単位で書き出します。開始時間、各活動の時間、休憩時間、終了時間などを含めます。

7. 予算：企画の運営に必要なすべてのコストを項目別に書き出し、合計します。場所のレンタル費用、スタッフの人件費、設備のレンタルや購入費用、広告費などを含めます。
8. スポンサーシップやパートナーシップ：必要であれば、スポンサーやパートナーを募るための戦略を明記します。
9. 宣伝とマーケティング：参加者を集めるための広報戦略を書きます。SNS、広告、PR などの活動を具体的に述べます。
10. リスク管理とセキュリティ：野外イベントでは、天候、安全保障、緊急時の対応計画など、リスク管理が重要です。
11. 評価方法：イベントの成功をどのように評価するかを明記します。参加者の数、売上、参加者からのフィードバックなどが評価の指標になり得ます。

ChatGPTへの指示

それらの項目を使って企画書のひな形を表形式で提案してください。

ChatGPTの回答

以下に、企画書の表形式のひな形を作成しました。このひな形は参考のひとつで、各イベントによって必要な内容は異なる可能性があることをご理解ください。

項目名	詳細
イベントのタイトルと目的	例 : " 夏の音楽祭 2023 - 音楽を通じた地域のコミュニティ強化 "
イベントの日付と時間	例 : "2023 年 8 月 1 日、10:00 - 22:00"
場所	例 : " 東京都立公園 - アクセス良好、広大な空間、良好な設備 "
ターゲットオーディエンス	例 : " 全年齢対象、とくに音楽好きの若者や家族 "
イベントの内容	例 : " ライブ音楽(ローカルバンドと有名アーティスト)、フードブース、アート展示 "
タイムテーブル	例 : "10:00 開始、10:30 最初のバンド演奏、13:00 ランチブレイク ..."
予算	例 : " 場所レンタル:¥1,000,000、音響設備:¥500,000、人件費:¥300,000..."
スポンサーシップ・パートナーシップ	例 : " 地元企業へのスポンサーシップ要請、コミュニティパートナーとの連携 "
宣伝とマーケティング	例 : "SNS 広告キャンペーン、ローカルメディアへのリリース、フライヤー配布 "
リスク管理とセキュリティ	例 : " 緊急時の避難計画、セキュリティスタッフの配置、天候による中止・延期プラン "
評価方法	例 : " 参加者数、チケット売上、参加者アンケート結果 "

図はChatGPTが出力したテキストを、表形式にまとめ、少し体裁を整えたものです。本項目以降、131ページまで例示に用いる具体例を「大規模野外イベント」と想定しています。

企画書
作成

メモしておいた箇条書きを文章にする

箇条書きを文章にまとめてください

企画書をつくる際、とりあえず思いついた内容をアイデアノートにまとめていって、あとから文章として整理するというやり方をする人は多いと思います。ただ、こういう企画のつくり方をしようとすると、「頭の中には最高の企画がある、しかし形にするのがどうも億劫《おっくう》だ」ということになりがちです。

ChatGPTの機能のうち、事務仕事で使う機会が多いのが、**限られた情報から文章をまとめる**というものです。このような箇条書きのアイデアを、企画書用の文章に起こす際にも有効です。

ただし、**あまり情報量が多いと、処理しきれなくなったり、話の流れが不自然になったりする**こともあります。範囲の指定を伝わりやすくしたり、“”や「」で単語を強調したりして、再試行してみてください。

ChatGPT への指示

企画書を作成しています。企画概要の項目に記載するため、次の段落以降に記した箇条書きの内容を、適切な文章にまとめてください。

・センターステージ、サブステージ（2か所）での音楽ライブ（1組 45 分を予定）

・ボリューム重視の肉料理や屋台飯が楽しめる露店を設置（約 15 店舗）

・会場内での決済はすべてキャッシュレス対応可能

・音楽イベントに関してはオンライン視聴用チケットの販売も検討中

・イベント公式グッズは事前購入→会場受け取りが可能

ChatGPT の回答

本企画では、音楽と食の饗宴を提供するイベントを実施します。メインのアトラクションとして、センターステージおよびサブステージの 2 か所で行われる音楽ライブを予定しております。それぞれのステージでは、アーティストが 1 組につき約 45 分間のパフォーマンスを披露します。

また、会場内には様々な料理を提供する露店が約 15 店舗設置され、ボリューム満点の肉料理や屋台の味を楽しむことができます。（以下略）

企画書作成

企画書がちゃんと伝わるかチェックさせる

説明不足な点を指摘してください

どのような文章にもいえることですが、書き上げたあとに一度冷静な目で読み返すことが非常に大切です。単純な誤字脱字などのミスに加え、表現の曖昧さや文法的におかしい箇所に気づくこともあると思います。そういった形式的なミスに加え、よく指摘されるのが「説明不足である」「説明がわかりにくい」という点です。

書いた本人はその企画についてよく知っているため、企画書を読み直しても、脳内で補足してしまうので、本当にわかりやすくまとまっているのかの判断は難しいものです。企画書は、さまざまな人の目に触れることになります。理想は上司や同僚などの第三者に事前に目を通してもらい、わかりにくいところがないか聞くことですが、難しい状況もあるでしょう。**客観的な意見を述べるのはChatGPTの得意とするところです。**わかりやすい文章になっているかどうかを、上司などへの提出する前に検討させておきましょう。

ChatGPT への指示

このイベント（123 ページ）の企画書を作成しました。説明不足に感じる箇所があれば指摘してください。

（企画書省略）

ChatGPT の回答

企画書は非常に詳しく、適切に作成されています。しかしながら、以下の点が更なる検討や明確化を必要とするかもしれません
ターゲットオーディエンス：具体的な年齢層や性別、ほかの趣味嗜好など、更なる詳細があると有益かもしれません。
オンライン視聴：この部分は「検討中」となっていますが、企画書ではできるだけ具体的な情報を提供することが望ましいです。具体的な実施予定になった場合、オンライン視聴の詳細（ライブストリームのプラットフォーム、価格、オンライン専用の特典など）を明記すると良いでしょう。
タイムテーブル：ライブイベントの具体的なスケジュールやアーティストの出演順を明記したものを別途作成し、それを参照する形にすると、企画書がより明確になります。（以下略）

企画書作成

商品情報の伝わるコピーを大量につくらせる

キャッチコピーを考えてください。〝商品情報〟

わかりやすいキャッチコピーは、商品やサービスの概要を一瞬で相手に伝える力をもっています。社外に企画を提案するような場合には、企画書の段階からキャッチコピーが必要となることも少なくありません。しかし、よいキャッチコピーをつくるためにはどうしても時間がかかるものです。直感で最適なコピーを考えつく天才でもない限りは、製品やサービスに関する情報をインプットし、何度もアウトプットを繰り返し、試行錯誤していくことになります。

こうした、**大量のアイデアを生成する作業は非常にChatGPT向き**です。また、**指示の冒頭で「あなたは一流のコピーライターです」というように属性を与えると、目的に合った文章が生成されやすくなります。**回答を受けて、具体的なイメージや改善点があれば追加で指示を出しましょう。

ChatGPT への指示

このイベント（123ページ）を宣伝するにあたって、広告に使えるキャッチコピーを3つ考えてください。

ChatGPT の回答

"音楽と美食でつながる夏の一日 - あなたを待っています！"

"心とお腹を満たすフェスティバル - キャッシュレスで、快適に、楽しく！"

"ライブ音楽が響き渡る野外のステージ - 今夏最大のエンターテイメントを体験しよう！"

ChatGPT への指示

もっと若い世代に向けて、ロックでエモい感じに。なるべく短文で。

ChatGPT の回答

"音楽で震える夏。"

"肌に響くビート、夏の旋律。"

"一音で、すべてを揺るがせ。"

企画書作成

SNSを使った広報のサポート

ハッシュタグを考えてください。〝商品情報〟

SNSを利用した宣伝方法のひとつとして、ハッシュタグを有効に使うというものがあります。記事にハッシュタグをつけて投稿すると、興味のあるユーザーが探しやすくなり、トレンドワードなどに入ることで多くの人の目に触れやすくなる、といった効果が期待できます。

このハッシュタグもChatGPTにつくってもらうことができます。その際は**企画の概要や、ターゲット、目的や重要なキーワードなど、できるだけ具体的に指示をする**ようにしましょう。

注意点は、ハッシュタグはスペースや特殊文字を含むことができないということです。「#料理」であれば、「#」と「料理」の間に特殊文字などを入れると機能しなくなります。

ChatGPT への指示

このイベント（123 ページ）を SNS 上で宣伝するために、若い世代にウケるような、エモいハッシュタグを考えてください。

ChatGPT の回答

ハッシュタグはイベントのエッセンスを短く簡潔に伝えるだけでなく、関連する投稿をまとめる役割も果たします。若い世代にウケるエモーショナルなハッシュタグを考えてみます：

夏の音魂 2024

真夏の鼓動

音楽とともに生きる

ロックで世界を揺らせ

感じる夏の一音

音祭の瞬間

エモい夏の一日

これらのハッシュタグは音楽の感情的な要素や若者のエモーショナルな体験を強調し、イベントの雰囲気と繋がりやすいように設計されています。

企画書作成

商品やサービスを顧客目線で批評させる

レビューを書いてください。〝商品情報〟

商品やサービスのアイデアを考えるときには、顧客の立場から検討することが大切です。顧客の悩みやニーズを本当に満たしているのか、不満をもつ点を先に潰しておけないか、そんなことを意識しながら企画を調整していくことも多いと思います。

顧客目線に立って考える助けになるChatGPTの使い方として、商品やサービスのサンプルレビュー・想定される口コミを書かせるというものがあります。**商品の特徴や利点などを情報として与えると、実際に使用したユーザーが書いたかのようなレビューを出力してくれます。**左の例示では好意的な感想が並んでいますが、想定される不評に限定して出力させることもできます。ほかにも、顧客が実際に書いたレビューを入力し、「以下のレビューにどのような不満点や改善点があるか分析してください」と入力すれば、**顧客がどんなことに不満をもっているのかを分析し、改善点を指摘してもらう**ことも可能です。

ChatGPT への指示

実際にイベント（123 ページ）に参加した人が SNS に書き込む想定で、感想のサンプルをつくってください。

ChatGPT の回答

" 今日は # 真夏の音祭 2024 に行ってきた！感動的なライブパフォーマンスとおいしい肉料理は最高の組み合わせだったよ！また来年も絶対くる！ # 夏の音魂 2024 # 音祭グルメ "
" # 夏の音震 が私の心を揺さぶった！サブステージのバンドがとくに印象的だった！キャッシュレス支払いもスムーズで便利だったな。 # キャッシュレスフェス # 感じる夏の一音 "（以下略）

ChatGPT への指示

ネガティブな感想もつくってみてください。

ChatGPT の回答

" 今日は # 真夏の音祭 2024 に行ってきたけど、音響システムの調整がイマイチだったな。 # 感じる夏の一音 は少し違う意味で感じたよ。でもバンドの演奏自体は良かったから、次回は改善してほしいな。"（以下略）

資料作成

誤字脱字をサクッと修正する

文章の誤字を指摘してください。〝テキスト〟

外部に出した企画が通ったら、当然ですがプロジェクトが動き始めることになります。そうすると、各所へ提出する用の書類や、顧客の目にも触れる文章を書く機会は増えます。そこで必ず生じるタスクが誤字脱字のチェックです。ちょっとした間違いが致命的になる場合もあるため、非常に気を使い、時間と手間もかかる作業です。日本語については精度が低いものの、Wordにも誤字脱字のチェック機能がついています。文章を扱う機会の多い企業では、専用のシステムを導入している例もあるかもしれません。

じつは専用のシステムなどがなくても、ChatGPTならテキストを入れるだけで、ある程度の誤字脱字を指摘・修正してくれます。ただし、**文脈だけでは誤字脱字かどうか判断できない場合や、何かの意図をもってその字が当てられている場合はChatGPTでも「判断できない」ことがあります。**

ChatGPT への指示

次の文章の誤字を訂正してください。

公庫学は過去の異物や遺跡を通じてジン類の歴史を探究氏、理解するための機長な手段です。遺跡や出土品から得られれ情報は、文字記碌だけでは伝えられない生きた翔子となります。考古学車は、遺跡の発掘屋異物の分析を通じｔえ、ジン流ｙいの新刊やへんせの明らかにします。

ChatGPT の回答

文章の誤字を訂正します。

"公庫学" → "考古学"

"ジン類" → "人類"

"探究氏" → "探究し"

"機長な" → "重要な"

"得られれ" → "得られる"

"文字記碌" → "文字記録"

"翔子" → "証拠"

"考古学車" → "考古学者"

"発掘屋異物" → "発掘や遺物"

"通じｔえ" → "通じて"

" ジン流 y いの新刊やへんせ " → " 人類の進化や変遷 "

訂正後の文章は以下の通りです。

" 考古学は過去の遺物や遺跡を通じて人類の歴史を探究し、理解するための重要な手段です。遺跡や出土品から得られる情報は、文字記録だけでは伝えられない生きた証拠となります。考古学者は、遺跡の発掘や遺物の分析を通じて、人類の進化や変遷を明らかにします。"

上記の試行では、「機長な」を「貴重な」と直さず「重要な」に改変してしまう、訂正前の文章を表示する際に一部が抜け落ちるという誤った回答が出力されました。

ChatGPT への指示

次の文章の誤字を訂正し、読みやすく整えてください。

「ハーメルンの笛吹き男」は、中世ドイツに伝説が基づく民話です。物語は 1284 年でハーメルンという街が始まります。この街はネズミ大群に苦しめられてそのとき、笛を吹く男が現れ、特別な能力をもってると街の人々に約束した。自分の笛の音で彼はネズミを街から彼は追い出すことできると言いました。そじて彼は約束どおり笛を吹きネズミたちを街から誘い出し川が導きまし。たしかし、彼が約束した報酬を街の人々から受け取ることはありませんでした。怒った笛吹き男は再び笛を吹き、今度は街の子どもたちを誘い出し、洞窟の中へと消えちゃう。その後、子どもたちは二度と戻らなかったと言われています。

ChatGPTの回答

誤字を訂正し、文脈を整えて読みやすくしました。

「ハーメルンの笛吹き男」は、中世ドイツの伝説に基づく民話です。この物語は、1284年のハーメルンという街を舞台に始まります。当時、この街は大群のネズミに悩まされていました。その時、笛を吹く男が現れ、特別な能力を持っていると街の人々に約束しました。彼は自身の笛の音でネズミを街から追い出せると言いました。そして彼は約束通り笛を吹き、ネズミたちを街から誘い出し、川へと導きました。しかし、彼が約束した報酬を街の人々から受け取ることはありませんでした。怒った笛吹き男は再び笛を吹き、今度は街の子どもたちを誘い出し、洞窟の中へと消えてしまいました。その後、子どもたちは二度と戻らなかったと言われています。

資料作成

ターゲットに合わせて文章をアレンジ

〝文章テイスト〟に書き直してください

文章は誰が読むのか、何のための文章なのかで書き方が変わります。たとえば小学生が読むのなら、難しい漢字や語彙、文章表現は使わないほうがよいでしょう。わかりやすさを重視するなら口語調になるかもしれませんし、形式的な場で使う文章なら、ある程度堅い表現を使ったほうが適切なはずです。しかし、文章の癖は簡単に修正できるものではないので、たとえば普段ビジネス文書ばかり書いているような人は、子ども向けの文章を書こうと思っても、つい難しい語彙や表現を使ってしまうもの。

時間をかけて文体を調整するのもよいですが、ChatGPTに任せれば、簡単に**TPOに合わせた文体に変更する**ことができます。読者は誰か、何のための文章か、などを指定して書き換えさせましょう。文章全体を書き換えさせないまでも、**少し難しいと思う表現の別案を出してもらう**ような使い方も有効です。

ChatGPT への指示

次の段落から始まる文章を、小学生にわかるように書き直してください。

相対性理論は、まず、時間や空間が単純に一定のものではなく、物体の運動状態や重力の影響によって変化することを指摘しています。この理論によれば、時間や空間は物体や観測者の相対的な速度や位置に依存して変形すると考えられます。また、相対性理論は光の速度が常に一定であるという原理に基づいています。これは、どの慣性系からでも光は同じ速さで進むという意味です。光速度が一定であることは、時間や空間の変形に関する重要な帰結をもたらします。

ChatGPT の回答

相対性理論は、時間や空間が常に同じじゃなく、物体がどう動いているかや、重力がどれくらいかによって、変わることを教えてくれます。つまり、時間も空間も、物体がどれくらい速く動いていたり、どこにいるかによって、形が変わるということです。また、相対性理論は、光が飛ぶ速さがいつでも同じだということを大切にしています。これは、どこから見ても光は同じ速さで進んでいるということです。光の速さがいつも同じであるということは、時間や空間がどう変わるかを考える時にとても大切なことなんだよ。

資料作成

炎上のおそれがないかチェックさせる

炎上につながりそうな箇所があれば指摘してください。〝テキスト〟

社外に出す文章のチェックは2重、3重に行っているかと思います。しかし、思いもよらない点でユーザーの怒りを買い、炎上するということは毎日どこかで起きてしまっています。注意すべき点は、侮辱的・攻撃的な言葉を使っていないか、差別的な内容を含んでいないか、政治や宗教など敏感な話題を取り扱っていないかなど多岐にわたります。インターネットを通して簡単に外国の知識を得ることができる時代です。商品やサービスによっては、文化の違う海外の事情にまで配慮しなければいけません。社内で数人がチェックしただけでは、炎上リスクを取り除けないのは当たり前のことだともいえます。

多様なデータをもとに情報を精査させるようなタスクは、ChatGPTが得意とするところです。文章に炎上のリスクがないかを検討させてみましょう。ただし、**ChatGPTは感情などを理解しているというわけではない**ので、人の目が不要というわけではありません。

ChatGPT への指示

次の段落の文章に、炎上につながりそうな箇所があれば指摘してください。
” シミ、そばかすをきれいにする画期的な化粧水、誕生。一週間使えば今までの化粧水に戻れない！ ”

ChatGPT の回答

「一週間使えば今までの化粧水に戻れない!」という表現は、個々のユーザーの体験に基づくものではなく、全てのユーザーが同じ結果を得られるという誤解を生む可能性があります。

また、「シミ、そばかすをきれいにする画期的な化粧水」という表現も、特定の結果を保証するものと受け取られる可能性があります。個々の使用者の皮膚の状態や反応は大きく異なるため、必ずしも同じ結果を得られるわけではないことを明確にするべきです。

このような表現は、商品が期待通りの結果を得られなかった場合、顧客の不満や誤解を生む原因となります。商品の効果について述べる際は、個々の結果が異なること、効果が保証されるものではないことを明示的に述べ、誤解を避けるよう配慮すべきです。

資料作成

パワーポイントのスライド構成をお任せ

必要なスライドを提案してください

営業先や社内でのプレゼンテーションなどで、パワーポイントを使用するシチュエーションは多いかと思います。パワーポイントを使い慣れていない人だと、無計画にスライドをまとめはじめて、収拾がつかなくなった、という経験はないでしょうか。

ChatGPTはテキスト生成ＡＩなので、パワーポイントのデータそのものを出力することはできません。しかし、**どのようなスライドをつくれば伝えたい情報がうまくまとまるか、という構成案を考えさせる**ことはできます。

新製品発表やイベント内容などといった**「プレゼンテーションの目的」**、上司やクライアントといった**「スライドを見せる相手」**を指定すれば、それに合わせた提案をしてくれます。企画の詳細や特徴などを入力すれば、さらに具体的な提案をさせることができるでしょう。

ChatGPT への指示

夏祭りでお笑いライブを実施するために、実行委員会に対してプレゼンテーションを行います。次の段落から示した内容を、パワーポイントにまとめます。必要なスライドを提案してください。

・地方都市

・夏祭りに訪れた観客、親子連れを想定

・お笑い芸人を呼び込むことで集客を上げる

・夏祭り主催者へのプレゼンテーション

ChatGPT の回答

以下のようにスライドを構成することを提案します：

1. スライド 1：タイトルスライド

・プレゼンテーションのタイトル（例："夏祭りでのお笑いライブ実施提案"）

・プレゼンテーション者の名前と役職

2. スライド 2：背景

・地方都市での夏祭りとその現状

・主な観客層（親子連れなど）についての説明

3. スライド 3：目的

・お笑いライブの導入による集客力向上の狙いを説明

・夏祭りの盛り上げ、地元観光の活性化について触れる

（以下略）

資料作成

パワーポイントの内容に即した文章を生成する

スライドに記載する文章を書いてください

出力された提案を参考にしつつ要所を整えてスライドを組み立て、スライドのスタイルやデザインを考えたら、そこにはまる文章を考えていくことになります。パワーポイントの文章は、あまり長くなってしまうと伝わりにくくなるもの。要点を押さえた文章を書こうとすると、見かけ以上の労力が必要です。

もちろん、ChatGPTにこうした各スライドの文章を書かせることもできます。すでにスライドの構成を提案させているのであれば、「生成したスライド案の内容に合った文章を生成して」と、入力するだけで例を提示してくれます。さらに、**プレゼン用の原稿までセットでつくらせることも可能です。**

ただし、与えた内容をうまくまとめてくれるだけなので、出力されたものをもとに、自分で詳細を考えて煮詰めていく必要があります。

ChatGPTへの指示

生成したスライド案に従って、各スライドに記載する文章案を書いてください。それぞれ100字以内。

ChatGPTの回答

1. スライド1：タイトルスライド

"夏祭りでのお笑いライブ実施提案" - 提案者：(あなたの名前)、(日付)

2. スライド2：背景

"私たちの地方都市での夏祭りは毎年大勢の観客を集め、特に親子連れが多く参加しています。しかし、新たなエンターテイメントを取り入れることで、さらなる盛り上がりを期待できます。"

3. スライド3：目的

"お笑いライブを導入することで、夏祭りの魅力を一層引き立て、新たな観客層を取り込むことが期待できます。これにより、地域の活性化と観光振興に貢献します。"

4. スライド4：お笑いライブの詳細

"人気のお笑い芸人を招き、観客との親密な交流が楽しめるライブを実施します。ライブは、会場の規模と安全対策を考慮した上で、最適な形式を選定します。"

5. スライド5：期待される効果

"お笑いライブの実施により、夏祭りへの注目度が増し、

集客数の増加が見込まれます。”（以下略）

ChatGPT への指示

プレゼン時間は全体で10分ほどです。各スライドを説明するための原稿を提案してください。

ChatGPT の回答

1. スライド1：タイトルスライド
"皆さん、こんにちは。本日は私から夏祭りでの新しい企画、お笑いライブ実施の提案をさせていただきます。よろしくお願いいたします。"
2. スライド2：背景
"まず、我々の地方都市での夏祭りは毎年大勢の観客を集め、特に親子連れが多く参加していますね。しかし、さらに盛り上がりを加える新しいエンターテイメントを取り入れることで、更なる観客動員が期待できます。"
3. スライド3：目的
"具体的には、お笑いライブを導入することで、夏祭りの魅力を引き立て、新たな観客層を引き寄せることを目指します。これにより、地域全体の活性化や観光振興にも寄与すると考えています。"
4. スライド4：お笑いライブの詳細

" 提案としては、人気のお笑い芸人を招き、観客との直接的な交流を楽しむ形式のライブを計画しています。会場の規模や安全対策をしっかり考慮した上で、最適な形式を選定します。"

5. スライド 5：期待される効果

" お笑いライブの導入により、夏祭りへの注目度が高まり、集客数の増加が期待できます。地元観光の活性化にも繋がり、地域全体の盛り上がりに寄与します。"

6. スライド 6：提案の結論と次のステップ

" 夏祭りにお笑いライブを導入することは、地域全体の活性化に貢献し、更なる集客を期待できます。次のステップとして、具体的な出演芸人の選定やライブ形式の詳細決定に移る予定です。皆さんのご意見やご協力を頂ければ幸いです。"

以上のような原稿になりますが、具体的な内容やプレゼンターのスタイルに応じて適宜調整してください。

資料作成

商品にあったアンケートを楽に作成

質問案をつくってください

企画した商品やサービスが世に出たあとも、企画をした人間はその追跡調査をしなければならない場合があります。広く使われている方法のひとつとして、アンケートによる利用者の満足度調査などがあります。

ChatGPTが生成できるものの幅は広く、テキストベースであれば、危険なものや人の権利を侵害するもの以外、大体どんなものでも出力します。アンケートも問題なく生成することができます。ちなみに、似たようなところでは占いなどもつくることができます。

出力された項目が多すぎるようなら、「重要だと思うものから順に5つ選んで」といった指示をすればChatGPTが選んでくれます。また、「はい」か「いいえ」の二択で答えるアンケートが必要な場合は、「自由記述はなしで、「はい」か「いいえ」で回答できるものにしてください」と具体的に指示をしましょう。

ChatGPT への指示

あなたは漫画雑誌の編集者です。雑誌の満足度調査のため、アンケートの質問案をつくってください。

ChatGPT の回答

【漫画雑誌読者アンケート】

1. あなたの年齢は何歳ですか？

・10 代以下

・20 代

・30 代

・40 代

・50 代以上

1. どのジャンルの漫画が好きですか？（複数選択可）

・少年

・少女

・青年

・レディース

・その他（　　　）

（中略）

8. 当雑誌に求めることは何ですか？

9. 当雑誌を選ぶ決め手は何ですか？

10. その他、コメントや要望があればお聞かせください。

ChatGPT への指示

上記アンケートの項目から重要だと思うものを 3 つ選び、自由記述欄のないアンケートを生成してください

ChatGPT の回答

【漫画雑誌読者アンケート】

1. あなたの年齢は何歳ですか？

・10 代以下

・20 代

・30 代

・40 代

・50 代以上

2. どのジャンルの漫画が好きですか？（複数選択可）

・少年

・少女

・青年

・レディース

・その他

3. 当雑誌をどのくらいの頻度で購入しますか？

・毎号購入している

・月に 2,3 回

・月に 1 回

・不定期で購入

・初めて購入

上記の３項目は、読者の年齢層や好みのジャンル、そして当雑誌に対するエンゲージメントを測るために重要と判断しました。これらの情報は、対象読者層の特定やコンテンツ戦略の策定に大いに役立ちます。

資料作成

アンケートの分析と改善案の立案を任せる

〝データ〟から読み取れる傾向を検討してください

アンケートは配って集計して終わりではありません。そこから情報を読み取り、次なるアクションにつなげていかなければ、意味がありません。ただ、こういった統計データは、本当に意味のある分析をしようと思うと、専門の技能が必要な領域です。

ＡＩは統計とも深い縁のある技術です。データの解析は、むしろＡＩの得意とするところといえます。もちろん本職のデータサイエンティストほどの解析はできないでしょうが、素人がデータを見てなんとなく意見を述べるよりは、意味のある分析をしてくれる可能性が十分にあります。**傾向を分析させ、出てきた結果をもとに、さらに改善案まで提案させてもよいでしょう。**

ただし、ChatGPT はあまり大量のテキストを入力するとエラーが出てきます。その場合は分割して指示を出すなどの工夫が必要になってきます。

Chat GPT への指示

弊社が刊行する週刊の漫画雑誌について、118 人にアンケートを取り、以下の段落から示す結果が得られました。ここから読み取れる傾向を検討してください。

1. あなたの年齢は何歳ですか?

・10 代以下→ 23

・20 代→ 45

・30 代→ 18

・40 代→ 8

・50 代以上→ 19

2. どのジャンルの漫画が好きですか?(複数選択可)

・少年→ 45

・少女→ 15

・青年→ 29

・レディース→ 3

・その他

3. 当雑誌をどのくらいの頻度で購入しますか?

・毎号購入している→ 10

・月に 2,3 回→ 30

・月に 1 回→ 8

・不定期で購入→ 66

・初めて購入→ 4

ChatGPTの回答

このアンケート結果から、以下のような傾向を読み取ることができます。

1. 年齢層：
最も多いのは20代であり、その次に10代以下が多く、週刊漫画雑誌の読者は若年層が中心であると言えます。一方、50代以上の読者も一定数いることから、世代を問わず読まれている可能性があります。
2. 好みのジャンル：
「少年」が最も人気のジャンルで、次いで「青年」が多いという結果が出ています。これは、男性読者が比較的多いとも推察できます。「少女」や「レディース」は少ないですが、ジャンル拡大を図る場合はこれらのジャンルの作品も増やしていくと良いでしょう。
3. 購入頻度：
「毎号購入している」読者は10人と少なく、「不定期で購入」が最も多い結果となりました。これは、特定の作品やイベントがある時にのみ購入している可能性があります。また、これには販売戦略の見直しが求められるかもしれません。例えば、「毎号購入」をincentivizeする特典を設けるなどの対策を考えると良いでしょう。

以上の情報を元に、読者のニーズを反映した内容の改善や新たな販売戦略を検討することが求められそうです。

ChatGPT への指示

上の分析結果をもとに、具体的な改善案を提案してください。

ChatGPT の回答

アンケート結果から得られた情報を基に、以下のような改善案を提案します。

1. ターゲット層の明確化とコンテンツの充実（詳細略）
2. ジャンルの多様化（詳細略）
3. 定期購入の促進（詳細略）
4. 不定期購入者のニーズの把握（詳細略）

Column

日常生活でも趣味でも活用の場はいろいろ

この本では仕事でChatGPTをどう使っていくか、ということを中心に説明していますが、日常生活でも使える場面はいろいろとあります。

最もわかりやすいところでは、レシピの提案をさせるという使い方です。冷蔵庫で余っている食材を入力して、「この食材を使ってつくれるレシピを提案してください」という指示を与えることで、料理のレシピを出力してくれます。5分以内につくれるおつまみ、などの条件を与えてみてもおもしろいですよ。

ChatGPTに、歴史上の登場人物や有名アニメの登場人物になりきって話してもらうこともできます。「あなたは"人物名"です」と指定して、何か質問をすると、その人になりきって返事をしてくれます。マイナーな人物は説明を追加してください。よい暇つぶしになりますし、創作活動をする人であれば、セリフに悩んだときに試してみてもよいのではないでしょうか。

4章

特定の業務に生かす

営業に生かす

相手に喜ばれる手土産を考えさせる

手土産の候補を教えてください

取引先を初めて訪問する際や、自社の不手際を謝罪しに行く際、**用意する手土産《てみやげ》選びに悩む人も多いのではないでしょうか**。

予算や訪問の用件、手土産に対する条件（食品に限定する、日もちするものに限定する）などの情報をChatGPTに与えることで、いくつかの候補を上げさせることができます。

相手の情報がわかっている場合は、年齢や性別、趣味や食の好みなどを追加することで、相手に合わせた候補に絞ることができます。また、個人宛ではなく「30～40代の男女10名程度の部署」などの指示を与えることも可能です。

ただし、**特定の店やブランドの指定には向いていません**。ChatGPTを使って手土産のジャンルを決めたら、検索エンジンで店を調べる、というように両者をうまく使い分けてぴったりの一品を選びましょう。

ChatGPT への指示

次の相手に贈る手土産（食品・予算1万円以内）の候補を教えてください。

・取引先の担当者（50 代男性）

・訪問の用件は「納期遅延に対する謝罪」

ChatGPT の回答

高級和菓子：日本の伝統的な和菓子は、ビジネスの場での手土産として良く用いられます。とくに、季節の素材を使用したものや、名店の一品は、心遣いを表現するのに適しています。ただし、甘いものが好きではない人もいるため、その点を確認してから選ぶと良いでしょう。

高級コーヒー豆：カフェインを摂取するのが OK なら、高品質なコーヒー豆は喜ばれるでしょう。とくに、珍しい産地や限定版、プレミアムブレンドなどの豆は、コーヒー愛好家にとって特別なギフトになります。

高級お茶：高級な日本茶や中国茶のセットも、50 代の男性にとっては喜ばれることが多いです。毎日の生活に豊かさを追加するだけでなく、それ自体がリラクゼーションの時間を提供します。（以下略）

営業に生かす

自己紹介文をつくらせる

私の自己紹介を考えてください

初対面の相手に対する**自己紹介は、ビジネスシーンでも日常生活でも、非常に大きな意味をもちます**。どんな情報を、どんな順番で、どんなふうに話すかによって、相手に与える印象やその後のつき合い方にも影響が出てくるといっても過言ではありません。

そこで、よりよい人間関係の構築を目指してChatGPTに自己紹介文を生成させてみましょう。個人情報を入力することに抵抗がある場合は、例示の「田中太郎」「chatGPT株式会社」のように、フェイクを入れてもかまいません。与える情報に、「どんな状況で自己紹介を行うのか（誰を相手に行うのか）」を加えておくと、よりシチュエーションにあった回答が得られます。生成された文面が長すぎると感じた場合は「２００字程度で書き直して」と指示を追加したり、同じ情報を使いながら異なる**シチュエーションに対応した文面に書き直しをさせたり**することも可能です。

ChatGPT への指示

次の情報をもとに営業先で使える自己紹介を250字程度で考えてください。

・田中太郎（32歳・男）

・chatGPT株式会社（コンサルティング業）の営業担当で、誠実で迅速な対応が強み

ChatGPT の回答

はじめまして、田中太郎と申します。32歳で、chatGPT株式会社の営業担当をしております。私の強みは誠実で迅速な対応です。ビジネスの世界は刻一刻と変化していきますので、その変化に対応するためには、迅速な行動が求められます。そして、どんなに迅速でも、それが誠実でなければ信頼は生まれません。

私の仕事は、クライアントさまが直面する課題を理解し、その課題解決に向けた最適な提案をすることです。その過程で、迅速さだけでなく誠実さも必要とされると考えています。

chatGPT株式会社では、AI技術を活用した先進的なコンサルティングを提供しております。クライアントさまのビジネスをさらに成長させるための、最善のソリューションを提案することを誓います。どうぞ今後ともよろしくお願い申し上げます。

営業に生かす

セールストークを提案させる

セールストークを考えてください

膨大な商品情報をどのような順番で、どのような言葉で紹介すれば、相手に興味をもってもらえるか。営業担当者のなかには**セールストークのつくり方に悩む方も多いのではないでしょうか**。ChatGPTに基本的な商品情報を入力すると、セールストークの例文を出力させることができます。

また、出力させたセールストークを受けて、**顧客からの質問を予想させることも可能**です。前もって顧客の反応をある程度予想し、追加の資料や情報を集めておけば、急な対応に慌てることはなくなるでしょう。例示ではChatGPTに生成させたセールストークをもとに予想させていますが、自分なりのセールストークを情報として与えることで、足りない情報を洗い出し、さらにわかりやすい内容にブラッシュアップさせる、という使い方もできます。

ChatGPT への指示

次の商品情報をもとに、法人向け営業のセールストークを考えてください。
商品名：「ポイント解説〈速習〉仕事の基本とビジネスマナー」
制作・著作：PHP 研究所
税込価格：99,000 円
構成：DVD -VIDEO 全 3 枚
収録時間：1 枚につき 60 ～ 85 分
おすすめポイント：新入社員研修で必須の教育項目を網羅的に収録。PHP 研究所の新入社員用テキスト「仕事の基本とビジネスマナー」をベースに、研修に組み込みやすい 7 ～ 8 分程度の動画を 37 項目収録。
収録項目例：来客対応のマナー（お出迎えから応接室まで）、電話のマナー（電話のかけ方、受け方、取り次ぎ方など）、コンプライアンスについて（社用品の私的利用、SNS での誹謗《ひぼう》中傷、情報漏洩《ろうえい》など）ほか

ChatGPT の回答

こんにちは、本日はご忙しい中、当社の商品についてお話させていただく機会を頂き、心より感謝申し上げます。

今日は、PHP 研究所が制作した「ポイント解説〈速習〉仕事の基本とビジネスマナー」という、新入社員教育に

最適な教材をご紹介させていただきます。

この教材は、新入社員研修で必須とされる教育項目を網羅的に収録しています。そのすべてが、ビジネスマナーや職場での基本的な行動ルール、コンプライアンスについて、という非常に重要なテーマです。

具体的には来客対応のマナー、電話の正しいかけ方や受け方、取り次ぎ方、また社用品の私的利用、SNS での誹謗中傷、情報漏洩といったコンプライアンスについてなど、実務に必須の知識を体系的に学べます。

さらに、ひとつの項目が 7 ～ 8 分程度の動画となっており、短時間でも集中して学習できるように工夫されています。すべてを一気に学ぶのではなく、毎日少しずつでも身につけていけるような構成になっているのです。

また、この教材は全 3 枚の DVD で構成されており、1 枚につき 60 ～ 85 分の収録時間となっています。37 項目ものテーマをしっかりと網羅していますので、新入社員だけでなく、研修担当者や人事部門の方々にも幅広く活用いただけます。

こちらの教材は、税込価格 99,000 円となっております。初期研修の資料づくりにかかる手間や時間、それに伴うコストを大幅に削減することが可能です。また、一度購入すれば何度でも使用可能なため、継続的な教育にも活用できます。（以下略）

ChatGPTへの指示

このセールストークに対し、顧客からどのような質問が入ると予想されますか。

ChatGPTの回答

「動画は日本語のみで、英語版やほかの言語版はありますか?」

「全体の視聴時間が長いように感じますが、個々の項目を独立して学習することは可能ですか?」

「動画はオンラインでも視聴可能ですか、それともDVDでの視聴のみですか?」

「教材の内容は定期的にアップデートされますか?それは無料ですか、それとも追加料金が発生しますか?」

「教材には、新入社員の理解度をチェックするためのクイズやテストは含まれていますか?」(以下略)

出張に生かす

スケジュールを組み立てさせる

訪問順を提案してください

土地勘のない地域へ出張する際、訪問先をどのような順番で回れば効率がよいかは、非常に悩ましい問題です。ある会社を目指して訪問するのであれば、地図アプリなどで調べればすぐにわかりますが、**訪問場所が複数になると、自力で順番などを考えなければいけません。**

そんなときには、ChatGPT にルート案を提案させてみてもよいでしょう。出発地と出張期間、出張先での予測滞在時間などを追加情報として入力すると、タイムスケジュールなども提案してくれます。

ただし、ChatGPT は**ローカルな情報を出力させようとすると、誤った情報が出てきやすい**ので、詳細を求めることはあまりおすすめしません。まわる順番を提案させて、参考にしながら、実際のルートは地図アプリで検索する、くらいの使い方がよいでしょう。

ChatGPT への指示

スーパーバイザーとして、担当エリアにある店舗に臨店することになりました。大阪難波駅をスタートし、移動手段には車を使うとして、次の段落から提示する住所を、効率的に回るための順番を提案してください。訪問に使える時間は 8 時間で、1 店舗の臨店には 1 時間ほどかかります。すべて回れなくても構いません。

大阪府大阪市北区梅田

大阪府大阪市浪速区難波中

大阪市阿倍野区阿倍野筋

大阪府大阪市北区中之島

大阪府池田市古江町

大阪府泉南郡田尻町泉州

ChatGPT の回答

ご要望の通り、訪問順を以下のように提案いたします。

大阪府大阪市浪速区難波中（出発地点の難波駅から近いので最初に訪れます）

大阪市阿倍野区阿倍野筋（難波から阿倍野までは車で約 15 分です）

大阪府大阪市北区梅田（阿倍野から梅田までは車で約 25 分です）

大阪府大阪市北区中之島（梅田から中之島までは車で

約 10 分です）
大阪府池田市古江町（中之島から古江町までは車で約 30 分です）
大阪府泉南郡田尻町泉州（古江町から田尻町までは車で約 1 時間です）
以上の順序で訪問した場合、移動時間は合計で約 2 時間 20 分となります。各店舗の訪問に 1 時間を見込むと、訪問時間は合計で 6 時間となります。これらを合計すると、全体で約 8 時間 20 分となります。これは提示された 8 時間という制限時間を若干超える見込みです。
一方で、交通状況や現場での事情により、計画通りに進まない場合も考えられます。そのため、最初の 4 つの店舗を優先的に訪問し、時間が許せば最後の 2 つの店舗を訪問するという方針も考えられます。

ChatGPT への指示

電車と徒歩で移動する場合どうなりますか。

ChatGPT の回答

電車と徒歩を利用した場合、以下のルートを提案いたします。
大阪府大阪市浪速区難波中 (スタート地点の大阪難波

駅からすぐです）滞在時間：1時間
大阪市阿倍野区阿倍野筋（地下鉄御堂筋線で阿倍野橋駅へ。約15分）滞在時間：1時間
大阪府大阪市北区梅田（地下鉄御堂筋線で梅田駅へ。約15分）滞在時間：1時間
大阪府大阪市北区中之島（徒歩で移動。約15分）滞在時間：1時間
ここまでで、移動時間は約45分、滞在時間は4時間となり、合計で4時間45分です。残りの時間は約3時間15分となります。

以下の店舗は、それぞれの距離や電車の時間を考慮すると、時間内にすべて訪問するのは難しそうです。そのため、優先度を決めて訪問することをお勧めします。
大阪府池田市古江町：阪急梅田駅から阪急池田駅まで電車で約20分。移動時間と滞在時間を合わせると約1時間半が見込まれます。
大阪府泉南郡田尻町泉州：阪急池田駅から南海高野線泉北高速鉄道に乗り換えて泉北高速線新石切駅で下車、そこから南海本線に乗り換えて南海泉北線泉大津駅で下車、最後に南海空港線に乗り換えて田尻駅で下車します。これには2時間以上の移動時間が必要となります。

とくに電車移動になると精度が落ちました。泉北高速線新石切駅など存在しない駅名が出てきています。

出張に生かす

営業ルートを考えさせる

ルートを提案してください

飛び込み営業などをする場合は、明確に訪問先が決まっていないなかで出張に行くこともあると思います。出張先の地域や訪問相手（法人営業・一般家庭向け営業など）を情報として与えると、訪問先が多く所在している地域などを考慮した営業ルートを提案してくれます。

例文では「京阪神」という広域エリアを想定して出力させていますが、「兵庫県内」や「大阪市内」などさらに範囲を狭めることも可能です。また、一般家庭向けの営業を想定する場合は、訪問先を住宅街とし、ターゲットとする顧客の情報（一戸建て・小中学生の子どもがいる家庭）を追加するとよいでしょう。ただし、**ローカルな情報は精度が落ちるので、最初のとっかかりとして参考にする程度**にとどめることをおすすめします。

ChatGPTへの指示

新規開拓の営業に出ます。10時にスタートし、1日でビジネス街を2～3エリア移動したいと思っています。移動は車として、京阪神内くらいで効率的に訪問できる3ルート提案してください。

ChatGPTの回答

ご要望の通り、京阪神エリア内で効率的に営業訪問を行うための3つのルートを提案いたします。

1. ルート1：大阪市内ルート

スタート：大阪市北区（梅田周辺）

2つ目の訪問エリア：大阪市中央区（本町、心斎橋周辺）

3つ目の訪問エリア：大阪市港区（大阪市南港、トレードセンター前周辺）

2. ルート2：大阪から京都へのルート

スタート：大阪市北区（梅田周辺）

2つ目の訪問エリア：大阪市中央区（本町、心斎橋周辺）

3つ目の訪問エリア：京都市下京区（烏丸、四条周辺）

3. ルート3：大阪から神戸へのルート

スタート：大阪市北区（梅田周辺）

2つ目の訪問エリア：大阪市中央区（本町、心斎橋周辺）

3つ目の訪問エリア：神戸市中央区（三宮、元町周辺）

出張に生かす

準備物リストをつくらせる

リストをつくってください

出張当日が近づいてきても、通常業務に追われてなかなか準備の時間が取れない、という人は意外と多いのではないでしょうか。前日の夜に慌ただしくパッキングしていると、「あれがない！」と頭を抱えたり、出張先で「忘れた！」と青くなったりすることもあると思います。

そんなゾッとする瞬間を回避するために、**ChatGPTに準備物リストを出力させておきましょう**。「二泊三日の」「海外への」など出張の期間や行き先に関する情報を与え、得られた回答を基本的な準備物リストにして、自身の業務や生活に必要なものを書き足し、カスタマイズしたチェックリストを前もって作成しておけば、出張直前になって慌てずに済みます。

ChatGPT への指示

二泊三日の出張に行くための準備物リストをつくってください。

ChatGPT の回答

1．旅行文書

・飛行機や電車のチケット

・会社の ID カード、身分証明書

・出張命令書（中略）

2．金銭関連

・クレジットカードと現金

・交通系 IC カード（Suica、ICOCA など）

・社員証または名刺

3．電子機器

・ノートパソコン、スマートフォン

・充電器（ラップトップ、スマートフォン用など）

・モバイルバッテリー

・USB メモリや外部ハードドライブ（必要な場合）

4．衣類

・ビジネススーツ（出張日数に応じた数）

・下着、靴下（出張日数に応じた数）

（以下略）

冠婚葬祭・親睦会

乾杯のあいさつを考えさせる

〝シーン〟のあいさつを考えてください

職場の飲み会で乾杯のあいさつ（音頭）を頼まれたとき、会の趣旨に合わせて、乾杯の瞬間に向けて場を盛り上げるようなあいさつを考えるのは難しいものです。また、多くの社員が集まる忘年会や新年会などであいさつをする場合は、気軽な仲間内での飲み会とは違い、ある程度の礼節と格式が求められることもあり、頭を悩ませる人も多いのではないでしょうか。

ChatGPTに**あいさつをする場と文章量の目安（100字程度など）の指示を与えることで、妥当な原稿を作成させることができます**。また、「もう少しフランクに」「もう少し厳粛に」など、ニュアンスに関する指示を追加して雰囲気を変えることも可能です。会の雰囲気や参加する人数、外部からの参加者がいるか、なども考慮して、ぴったりのあいさつ原稿を完成させましょう。

ChatGPT への指示

職場の新年会で使える乾杯時のあいさつを 100 字程度で考えてください

ChatGPT の回答

「皆さま、新年会にお集まりいただきありがとうございます。新たな一年が、皆さまにとって、そして私たちのチームにとって、成功と成長、健康と幸せに満ちたものとなることを心から願います。今年も一緒にすばらしい成果を創り出しましょう。さあ、新年のスタートを祝して、乾杯しましょう！」

ChatGPT への指示

新入社員歓迎会で使える乾杯のあいさつを考えてください

ChatGPT の回答

「皆さん、今日は新入社員歓迎会にご参加いただきありがとうございます。新たな旅の始まりを祝し、ともに成長し、すばらしい成功を達成するための協力を誓いましょう。新入社員の皆さん、ここにいる全員があなたたちをサポートし、最高の成果を引き出すためにともに働きます。それでは、この新たな始まりを祝いましょう。乾杯！」

冠婚葬祭・親睦会

結婚式のスピーチを考えさせる

以下のエピソードを入れてスピーチ原稿をつくってください

親しい相手や、ずっと成長を見てきた部下から結婚式のスピーチを頼まれることは、非常に感慨深いものです。しかし同時に、相手の親族や関係者が集まっている場で話すことに、大きなプレッシャーを感じることでしょう。

そんなときは、**スピーチに入れたいエピソードをいくつか挙げて、ChatGPTにスピーチ原稿をつくってもらいましょう**。エピソードの順番を入れ替え、自然な話の流れをつくってくれます。ただし、結婚式という場にふさわしくないとされる「忌《い》み言葉」を完璧に弾くことはできないため、出力された原稿を必ず確認してください。

本書では「結婚式のスピーチ」として紹介していますが、状況やエピソードを変えることで、さまざまな式典でのあいさつや祝辞などに応用が可能です。

ChatGPT への指示

部下（30 代・男）の結婚式でスピーチをします。以下のエピソードを入れてスピーチ原稿をつくってください。

・長期のプロジェクトが成功したとき、退勤後の居酒屋で朝まで飲んだこと。

・新型コロナウイルスで職場が麻痺《まひ》したとき、真っ先にオンライン会議の方法を調べてくれて助かったこと。

・入社してきたときはものすごく緊張していて、見ているこちらがハラハラしたこと。

・結婚を報告してくれたとき、とてもうれしかったこと。

ChatGPT の回答

皆さま、本日は大切な場にお招きいただき、心から感謝申し上げます。新郎であり、私の部下である彼とともに過ごす時間は、常に驚きと成長の連続で、そのすべてが私にとって大切な思い出となっています。

今日、私がこの場で話させていただくのは、新郎とともに経験した数々のエピソードの中から、とくに心に残るものです。

彼が当社に入社したときのこと、まだ皆さんが覚えていますでしょうか。あの日、彼の顔は緊張で真っ白で、初めての業務に戸惑いながらも、目の前の課題に真剣に向き合う彼の姿に、私は「この新入社員、何かもっているな」

と感じました。そして、見ているこちらがハラハラするほどの緊張から、彼が今日、自信に満ちあふれた新郎として立つまでの成長を、私は身近で見守ることができました。

そして、新型コロナウイルスが流行し、職場が麻痺したあの日。私たちは混乱し、手探りの状態でした。しかし、彼は真っ先に行動を起こしました。オンライン会議の設定、運用方法を調べ、すぐに私たちに伝えてくれました。彼のその行動力とリーダーシップは、私たちを救い、新しい働き方へと導いてくれました。

長期のプロジェクトが成功したあの日も忘れられません。一緒に働き続けた成果が実を結び、その喜びをみんなでわかち合ったとき、彼とは退勤後の居酒屋で朝まで飲み明かしました。あの夜、彼の目は光り、次の挑戦への情熱があふれていました。彼のその情熱が、私たちチームを何度も前に進めてくれました。

そして、彼から結婚を報告されたとき、私はとてもうれしかったことを忘れることはありません。彼が自身の人生の新たな節目を迎え、新しい家族を築くという決断をした瞬間、私は彼がこれまでに培ってきた経験と成長が、新たな幸せを掴むための強固な土台となっていることを強く感じました。

今日ここで、新郎のこれまでの歩みを振り返りながら、彼のこれからの人生がどのように展開していくのかを想像すると、私は改めて彼の可能性と未来への期待に胸が高まります。

新郎の人生の新たなスタート、そして新婦とのこれからの幸せを心から祝福します。ふたりの未来が、これまでと同じように驚きと成長の連続であり、そして何よりも幸せに満ちあふれていることを願っています。

このすばらしい瞬間を皆さまと共有できたこと、本当にありがとうございます。新郎新婦の皆さま、本日はおめでとうございます。そして、これからも末永くお幸せに。どうか皆さま、ふたりの新たなスタートを温かく見守っていただけますようお願い申し上げます。

ありがとうございました。

冠婚葬祭・親睦会

イベントの景品を考えさせる

〝目的〟の候補を挙げてください

職場の飲み会や結婚式などで**レクリエーションを企画・実施する際、意外と悩みがちなのが「景品の選定」です**。それぞれの等級ごとにふさわしい物品をリストアップする、アイデア出しの段階でChatGPTの力を借りてみましょう。

例示では1等から4等までの景品をまとめて挙げさせていますが、等級ごとに細かく区切って「2等（1万円程度）の景品を10個考えて」などの指示も有効です。「食品以外で」「金券は除外で」など、条件を追加することもできるほか、参加者の性別や年齢層がある程度固まっている場合は、**「40～50代女性」「20代男女」などの情報を与えると景品のラインナップが変化します**。ただし、特定の店の指定まで指示すると、存在しない店名を候補に挙げることがあるため、注意が必要です。あくまでも景品のジャンルを絞る、という使い方が適切です。

ChatGPTへの指示

職場の忘年会でビンゴゲームを企画しています。以下の予算に合わせて、景品の候補を挙げてください。

1等（5万円)、2等（1万円)、3等（3000円)、4等（500円)

ChatGPTの回答

【1等】高級レストランのディナー券：ゲストが特別な夜を過ごせるように。

高性能のワイヤレスヘッドホン：音楽好きな方には喜ばれるでしょう。(中略)

【2等】高品質のワインやシャンパン：パーティーや晩酌に最適です。

電子書籍リーダー：読書好きな人にはとくに喜ばれるでしょう。(中略)

【3等】映画鑑賞券：シネコンでの最新映画を楽しむことができます。

雑貨店のギフトカード：自分の好きなアイテムを選べるのが魅力です。(中略)

【4等】お菓子やチョコレート：高品質なものを選ぶと、手軽でありながらも豪華に感じます。

キーホルダー：デザインにより個性を表現できます。(以下略)

人事に関する仕事

社内面談の質問事項を用意させる

質問例を考えてください

上司と部下が一対一で話す機会を頻繁に設け、部下の育成やモチベーションの維持につなげようとする企業が増えてきました。なかには、1on1ミーティングのように、雑談を交えながら現状の再確認や困りごとの相談をするような面談もありますが、人事的な観点から、社員に対する評価や今後のキャリアパス構築に活用するための面談もあります。面談の性質や、その場の発言をどのように扱うかによって、質問事項も変わってきます。

しかし管理職は時間がないもの。ChatGPTは、**聞きたいことや面談を通しての到達目標を示し、質問例をつくらせるという使い方ができます。**それぞれの質問に合わせて提示される「質問の意図」をもとにして、面談の方向性や性質を鑑み、実際に使うかどうかを選択しましょう。

ChatGPTへの指示

入社3年目の社員を対象に、今後のキャリア形成をテーマとした社内面談を行います。現状を客観視させ、中・長期目標の設定につなげることのできる質問例を3つ考えてください。

ChatGPTの回答

「あなたが今までの業務で最も得意とすると感じるエリアは何ですか?そして、そのエリアでのスキルをどのように磨いてきましたか?」

この質問は、社員が自身の強みと成長をどのように認識しているかを理解するためのものです。

「あなたが今後、自分のスキルセットや経験をさらに発展させたいと考えている領域は何ですか?」

これは個人の成長志向性を理解し、彼らが自己改善にどれだけ積極的であるかを判断するための質問です。

「現在のポジションに満足していますか?それとも新たな挑戦や役職に興味がありますか?」

これにより、社員が自身のキャリアに対してどの程度満足しているか、または新しい挑戦を求めているかを理解できます。

人事に関する仕事

採用面接の質問事項を用意させる

質問例を考えてください

採用面接は、企業側が採用候補者を見極める場であると同時に、採用候補者が企業を見極める場でもあります。質問にも明確な意図や評価基準が求められ、採用候補者と同じくらい緊張する方もいるかもしれません。また、近年では中途採用比率が新卒採用比率の約2倍に伸びており、採用面接にやってくる候補者が自分より年上、ということもしばしばあるようです。

もし、**会社でガイドラインが決まっておらず、何を聞けばいいかわからない**、という状況であれば、前項と同様に、ChatGPT に質問事項を考えてもらうという手もあります。**候補者のどのような能力を測りたいのかを情報として与える**と、質問の方向性を絞ることができます。また、冒頭で「あなたは○○の人事部長です。」というように、ChatGPT にハイスキルの役割を与えることで、役割相応の回答に近づけることができます。

ChatGPTへの指示

あなたは大手アパレルメーカーの人事部長です。中途採用面接で、採用候補者の成長意欲とコミュニケーション能力の有無を見極めるための質問例を5つ考えてください。

ChatGPTの回答

1.「過去の職歴で自身のスキルを最も成長させたプロジェクトや体験は何でしたか?その経験から何を学びましたか?」
この質問は候補者が自身のスキル成長を意識し、それを継続的に追求しているかどうかを確認します。
2.「当社に加わることで、あなた自身がどのように成長したいと考えていますか?」
これは候補者の自己改善への意欲と、将来的な成長に対するビジョンを確認します。
3.「あなたが直面した困難なコミュニケーション状況を教えてください。その際、あなたはどのように対応し、結果はどうなりましたか?」
この質問は、候補者が複雑なコミュニケーション状況に対処できるかどうかを評価します。(以下略)

人事に関する仕事

社員向けの標語を考えさせる

標語を考えてください

社員の危機管理や、仕事に取り組む姿勢の改善を目指して、定期的に標語をつくっている企業も多いのではないでしょうか。しかし、回数を重ねるにつれて、どうしてもアイデアが偏ったり、目新しさがなくなったりしがちです。

そんなときは、**ChatGPTがブレイクスルーを与えてくれます**。企業や部署の目標を入力し、アイデアを求めてみましょう。同じ質問を繰り返すと、毎回違う回答が出力されるため、よいものが出るまで試すのも有効。ただし、文字数を五七五などの形式に当てはめて考えるのは不得意です。ある程度、語調や雰囲気の傾向を守る必要がある場合は、**過去の例をいくつか情報として与えると、ニュアンスを学習して、似通ったものを出力します**。

ChatGPTへの指示

「ホスピタリティをもった顧客対応」を目標にした社内標語を3つ考えてください。

ChatGPTの回答

「一人ひとりに寄り添う。あたたかな心でホスピタリティを！」

「心からのおもてなし、顧客満足の源。私たちのサービス、ここにあり」

「お客さま一人ひとりを大切に。心のホスピタリティで笑顔を届けよう！」

ChatGPTへの指示

次の例を参考にして、製造現場の「今月の標語」を3つ考えてください。

- 見逃すな　小さな変化は　リスクの種
- みんなで挑む時代の変化　みんなでつくる最高品質
- 心こめ　よりよい商品　よい企業

ChatGPTの回答

- 小さな進歩、大きな成果　今こそ改善のとき
- 安全第一　事故ゼロ　製造の誇り
- 一粒一粒に　想いを込めて　最高の品へ

人事に関する仕事

人事評価のコメントを作成させる

〝人事評価〟に対するコメントを考えてください

半期ごとに出されることが多い人事評価ですが、自身の働きに対してどのような評価がつけられているか、上司からどのようなコメントが寄せられているかなどは、誰しも非常に気になるものです。しかし、いざコメントを書く側に回ると、なかなかうまくまとめられないと悩む方が多いのではないでしょうか。また、昨今では自身の働きを客観視させ、目標を定めるために自己評価を重要視する動きが強く、**自分で自分の評価にコメントをつけなくてはならないという人も増えています。**

評価基準と評価結果をChatGPTに情報として与えると、**内容を反映したコメントを考えさせることができます。**評価できる点、改善が必要な点、次期に向けた目標の設定などを簡潔にまとめることができ、コメント相手（例示では部下）に対する激励で締めるなど、話の流れもスムーズです。

ChatGPT への指示

次の人事評価に上司の立場から添える所見を考えてください。

S：極めて優秀、A：優秀、B：標準、C：やや不十分、D：かなり不十分

①規律性：A（就業規則など規則・規定を遵守し、職場の秩序の維持に努めていたか。上司の指示・命令によく従って対応したか）
②協調性：C（上司、同僚としっかりコミュニケーションを取り、仕事を進めていたか。自分勝手な行動はしなかったか。ほかの同僚が忙しいときに、みずから進んでサポートする姿勢が見られたか）
③責任感：B（与えられた仕事を、最後まで責任をもって成し遂げたか。自分の役割をよく自覚し、期待に応えるよう仕事に取り組んだか）
④積極性：B（与えられた仕事に対して、積極的に取り組んだか。仕事の改善や範囲拡大をしようとする姿勢が見られたか）
⑤業務知識・遂行能力：A（担当する仕事を遂行するうえで、必要とされる実務的な知識を習得しているか。関連する業務について、一般的な知識を習得しているか。

担当する業務を迅速、かつ正確に遂行できる技能を習得しているか）
⑥理解力：A（上司からの指示・命令を正しく理解しているか。仕事の目的、内容を正しく理解しているか。同じことを何回も繰り返して聞くことはないか）
⑦表現力：B（仕事の進み具合や結果について、口頭だけでなく、文章で明確に報告できるか。話し方、書き方が回りくどくないか）
⑧創意工夫：C（惰性で仕事へ取り組んでいないか。仕事の改善や効率化について提案を行うことがあるか）
⑨仕事の量：A（与えられた仕事を、迅速に遂行したか。期限、期日に遅れることはなかったか。仕事の量は、能力にふさわしいものであったか）
⑩仕事の質：A（与えられた仕事を、正確に遂行したか。ミスを発生することはなかったか。仕事の出来栄えはよかったか）

ChatGPTの回答

お疲れさまです。今回の評価では、規律性や業務知識・遂行能力、理解力、仕事の量、仕事の質など、多くの項目で高い評価を受けています。とくに業務知識や遂行能力、仕事の質においては優れた成果を上げており、誠にすばらしいです。

一方、協調性や創意工夫に関しては改善の余地があります。協調性においては、上司や同僚とのコミュニケーションをより密にし、積極的にサポートする姿勢をもつことで、チームの一体感を高めることが求められます。また、創意工夫においては、現在の仕事に満足せず、改善や効率化の提案を積極的に行うことで、より良い結果を生み出すことができるでしょう。

次期への課題として、協調性と創意工夫の向上に取り組んでいただきたいと思います。また、今回の評価で高く評価された規律性や業務知識・遂行能力、理解力、仕事の量、仕事の質といった強みをもちながら、新たな課題に挑戦していく姿勢を期待しています。

引き続き、自己啓発やほかのチームメンバーとの協力を通じて成長し、次期の評価に向けて更なる飛躍を目指していきましょう。

参考文献

・矢内東紀 著『ChatGPTの衝撃　ＡＩが教えるＡＩの使い方』実業之日本社
・ChatGPTビジネス研究会 著『ChatGPT １２０％活用術』宝島社
・古川渉一、酒井麻里子 著『先読み！ＩＴ×ビジネス講座　ChatGPT　対話型ＡＩが生み出す未来』インプレス
・日本ビジネス研究会 編集『仕事 勉強 生活をもっと楽しく。エンジニアじゃない人のためのChatGPT超入門』株式会社日本ビジネス出版
・DIME編集部 編『DIME 2023年7月号』小学館
・PRESIDENT編集部 著『ChatGPT仕事術大全（プレジデント2023年6/30号）』プレジデント社
・コスミック出版 著『すぐに使える！ChatGPTまるわかり活用術（COSMIC MOOK）』コスミック出版
・ダイヤモンド社 著、ダイヤモンド編集部 編『ChatGPT完全攻略（週刊ダイヤモンド2023年6/10・6/17合併号）』ダイヤモンド社
・週刊東洋経済編集部 編『週刊東洋経済　2023/4/22号（ChatGPT仕事革命術）』東洋経済新報社
・白辺陽 著『ChatGPT有効な回答を引き出す処方箋』Kindle
・葵あすか 著『ChatGPT超実践活用法』Independently published

※本書の内容は 2023 年 7 月時点の情報です。
※出力例には GPT-4 によるものと GPT-3.5 によるものがあります。
※ ChatGPT が出力した内容に誤りがあった場合も、あえてそのまま掲載しています。ただし、一部省略する、固有名詞を伏せ字にする、などの加工は加えています。

◆スタッフ

本文デザイン	井上祥邦（yockdesign）
装丁	一瀬錠二（Art of NOISE）
DTP・図版制作	水谷美佐緒（プラスアルファ）
執筆	遠藤昭徳・冨永恭章・吉田暖 （株式会社クリエイティブ・スイート）
	柚木崎寿久
本文イラスト	emma/PIXTA
編集担当	中村悠志（株式会社 PHP 研究所）

◆編著者略歴

クリエイティブ・スイート

出版・広告の企画・制作会社。在大阪。取材・執筆活動もこなしており、制作書籍の分野は古典文学や科学、健康、歴史、ビジネス、幼児教育など多岐にわたる。おもな制作物に『解くだけでお金が増える！　世界一面白い！とっておき資産形成トレーニング』(PHP 研究所)、『図説日本の城と城下町』シリーズ（創元社)、『イラスト図解　知っているようで知らない国債のしくみ』（池田書店）などがある。また、2022 年 11 月には CS 出版として「親子の時間を楽しくする」という理念のもと、『魔法の計算あそび』を出版した。

神速！ ChatGPT超仕事術

2023年 9 月13日　第 1 版第 1 刷発行

編 著 者　　クリエイティブ・スイート
発 行 者　　永田貴之
発 行 所　　株式会社PHP研究所
東 京 本 部 〒135-8137　江東区豊洲5-6-52
　　ビジネス・教養出版部　☎03-3520-9615（編集）
　　普及部　☎03-3520-9630（販売）
京 都 本 部 〒601-8411　京都市南区西九条北ノ内町11
PHP INTERFACE　　https://www.php.co.jp/
印 刷 所　　株式会社光邦
製 本 所　　東京美術紙工協業組合

ISBN978-4-569-85566-0